케이블루의

프랑스 자수 라이프

케이블루의

프랑스 자수 라이프

김소영 지음

팜파스

 *Prologue*

첫 번째 책을 출간했던 가을이 지나고 다시 봄

작년 봄은 저에게 세상의 빛을 선물해준 찬란했던 계절이었습니다.
늘 무언가 열심히 하고는 있지만, 생각대로 되지 않아 속상했던 시간들을
보상이라도 해주듯 기적이 노크를 한 시간이었죠.

어쩌면 그동안 열심히 했던 모든 일이 준비되어 기다리고 있다가
문을 활짝 열어주자 당당히 세상으로 걸어 나올 수 있었을 것입니다.
이렇게 말할 수 있을 만큼 매순간 누가 보지 않아도 최선을 다해
열심히 살았다고 자신 있게 말할 수 있습니다.
이번 책을 준비하면서 또 한 번 절실히 느꼈습니다.
노력을 한 모든 시간은 헛되이 쓰이는 일이 없다는 것을요.

그래서 참 감사한 시간들이었습니다.
내 삶이 이 책을 준비하는 것으로 보상 받는 느낌이었으니까요.
정말 감사한 일입니다.

처음 책을 준비할 때는 기쁨에, 얼떨결에 신나서 준비했습니다.
하지만 이번에는 책임감과 기대감이 더해져 어깨가 많이 무거웠습니다.
독자들이 실망하면 어쩌나, 이번 책도 좋아해줄까 걱정이 한 움큼이었죠.
실을 너무 많이 쓴다고 싫어할까, 도안이 너무 복잡하지 않을까……
이런 많은 생각에 잘 풀리지도 않고, 멈칫멈칫 했던 시간들이 많았습니다.
하지만 결론은 한 가지!
처음 시작할 때 아무 생각 없이 즐거운 마음으로 했던 것처럼 그냥 하고 싶은 대로 하자!
그게 바로 나의 감성이고 나의 색깔일 테니까요.
그렇게 준비했습니다.
첫 번째에 실리지 못했던 소소한 작품들과 머릿속에 그려놓았던
도안들을 하나하나 작업하면서 또 한 권의 책을 마무리하였습니다.

감사한 마음으로 세상에 또 한 걸음 내딛습니다.
그 문을 열어주신 팜파스 이진아 실장님께 감사드립니다.

이번 책을 준비하면서 고마운 사람들이 많았습니다.
먼저 늘 바쁜 마누라 때문에 본인도 새벽까지 일하느라 힘든데, 열심히 집안일 도와주고
어깨 마사지도 열심히 해주신 남편님, 보살피지 못해도 알아서 자기 몫을 잘해주는 아이들,
마지막에 도안을 그리느라 힘들어하는 친구를 위해 기꺼이 도와주러 온 진희에게도,
늘 둘째딸 걱정에 시름이 깊은 부모님께도 깊은 감사한 마음을 전합니다.
마지막으로 늘 응원해주시고 아껴주시고 사진촬영에 장소를 기꺼이 협조해주신 데일리스위트,
가을내음, 마르셀, 앤의다락방 사장님께도 감사드립니다. 모두모두 사랑합니다.

Contents

시작하기 전에

Work

작품

BASIC

시작하기 전에

자수에 필요한 재료와 도구

패브릭 _리넨, 무명, 워싱 광목 너무 얇은 것보다 약간의 두께감이 있는 천, 평직으로 된 천이 자수를 놓기에 용이합니다. 작품의 느낌에 맞는 천을 선택해서 다양하게 수를 놓아보세요.

실 DMC 25번사, 4번사, 25번 베리에이션사, 메탈릭사, 울사

바늘 자수용 바늘은 일반바늘보다 바늘귀가 큽니다. 번호가 클수록 바늘은 가늘어집니다. 작품의 크기와 실의 굵기, 가닥수에 따라 바늘을 선택하여 수를 놓아주세요.

재단가위 천을 자를 때는 재단가위를 사용해주세요.

자수용 가위 자수실의 끝마무리를 할 때 잘라주고, 스미르나 스티치를 커팅할 때나 가위집을 넣을 때에 사용합니다.

자수틀 자수틀이 없어도 자수를 놓을 수는 있으나, 새틴 스티치같이 면을 채우는 스티치를 놓을 때는 틀을 활용하는 것이 깨끗하고 예쁘게 놓아집니다. 작은 수틀이 손에 잡고 작업하기에는 용이합니다.

수성펜 물을 뿌리면 날아가는 펜입니다. 간혹 물을 뿌리면 마른 후 다시 색이 보일 때가 있는데요. 물에 아예 푹 담갔다 걸어서 말려주거나, 물 티슈나 휴지에 물을 묻혀 꼭꼭 눌러주세요.

트레이싱페이퍼 책에 있는 도안을 베낄 때 사용합니다. 연필이나 수성펜으로 그려주세요.

초크페이퍼 천에 도안을 옮길 때 사용합니다. 물에 지워지는 초크페이퍼를 사용하면 좋지만, 일반 먹지를 사용했다면 중성세제나 물파스로 자국을 지울 수 있어요. 패브릭에 시험해본 뒤 사용하세요.

연필 트레이싱페이퍼에 도안을 옮길 때 사용합니다.

시침핀 입체자수 레이지드 리프 스티치를 할 때 사용합니다.

가는 철사 입체자수 꽃잎이나 나비를 표현할 때 사용합니다.

핀쿠션 바늘과 시침핀을 보관하는 데 사용합니다.

자 패브릭을 사이즈를 잴 때와 자수 도안의 크기를 잴 때 사용합니다.

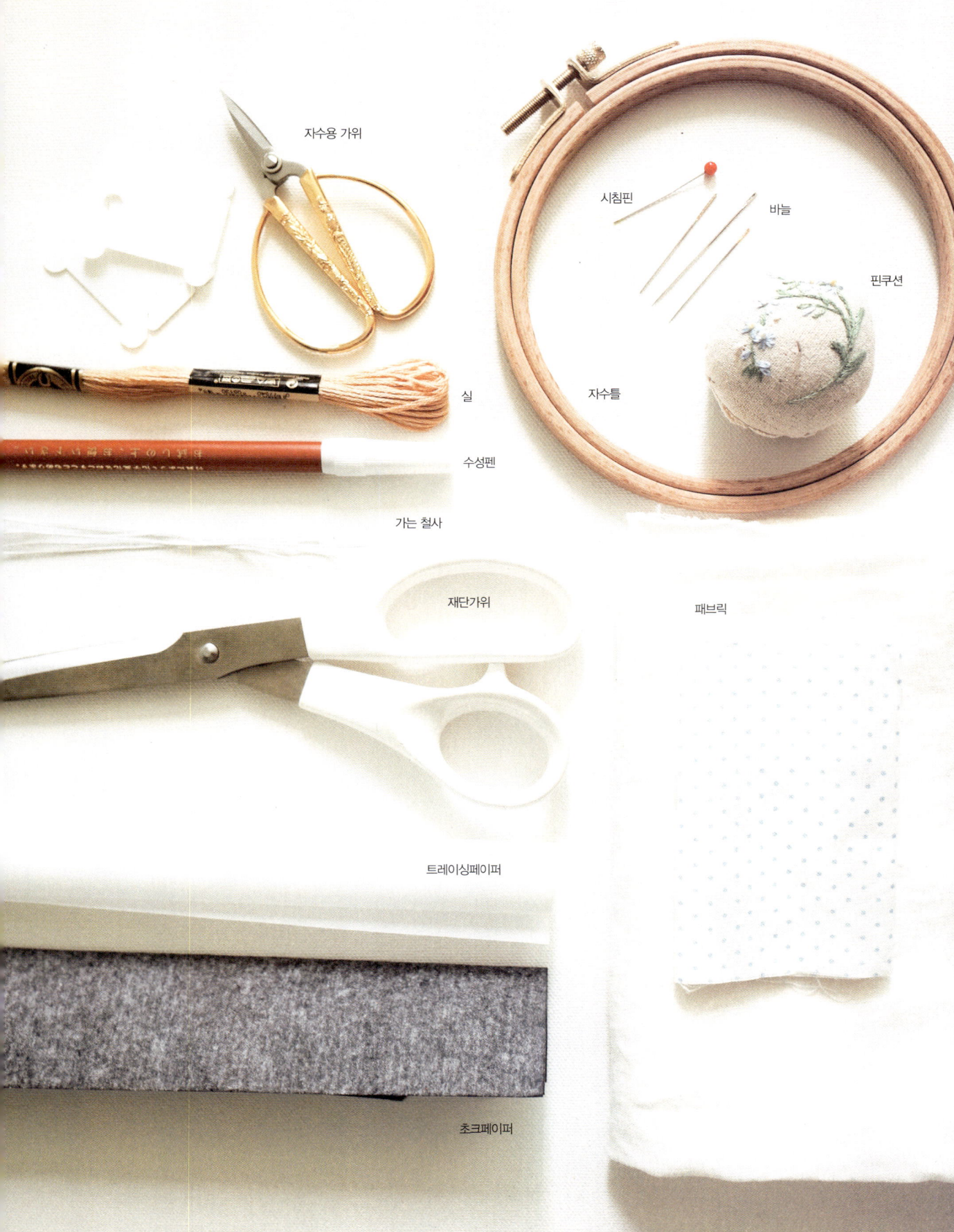

자수용 가위

시침핀

바늘

핀쿠션

자수틀

실

수성펜

가는 철사

재단가위

패브릭

트레이싱페이퍼

초크페이퍼

자수의 기초

1. 선세탁하기

리넨의 경우 천의 특성상 세탁을 하면 약간 줄어들기 때문에 수를 놓기 전에 선세탁을 하는 것이 좋습니다.

2. 천을 다려주기

도안을 옮기기 전에 패브릭을 다려주어야 정확한 그림이 표현됩니다.

3. 도안 옮기기

트레이싱페이퍼를 도안 위에 올리고 수성펜으로 베끼거나, 패브릭 위에 수성펜으로 직접 그립니다.

4. 천에 먹지를 대고 그리기

아래부터 천→먹지→도안을 놓고 약간 힘을 주어 눌러 그립니다. 대략적인 도안을 그리고 세세한 부분은 도안을 보면서 수성펜이나 초크펜으로 그립니다.

5. 자수실 사용하기

울사

메탈릭사

베리에이션사

4번사

25번사

이 책에 사용되는 자수실 : 25번사, 4번사, 베리에이션사, 울사, 메탈릭사

25번사 일반적으로 가장 많이 쓰이는 자수실 25번사는 6가닥으로 이루어져 있습니다.

4번사 25번사의 6가닥만큼의 굵기이며, 한 가닥을 그대로 사용합니다.

베리에이션사 색상이 그러데이션을 이루고 있어 자연스러운 자연의 색감을 연출할 수 있습니다.

애플톤 울사 울로 만들어진 실로 포슬거리는 질감이 있는 입체 꽃을 표현할 때 탁월합니다.

메탈릭사 금속질감의 실로 한 가닥씩 사용합니다.

6. 실 사용법

적당한 길이(40~50cm)로 자른 뒤, 실을 갈라서 사용할 가닥수만큼 뽑아서 사용합니다. 너무 길게 사용하면 실이 꼬이면서 예쁜 자수가 놓아지지 않습니다.

실 가르기

방법 1 _필요한 가닥만큼 한 가닥씩 빼내어 정리해준다.

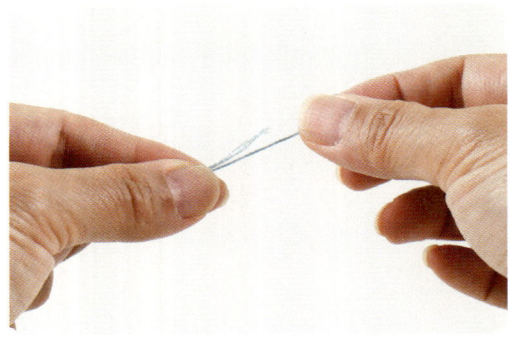

방법 2 _오른손으로 3가닥씩 나누어 쥔 다음에 가운데를 왼손 검지로 천천히 가릅니다. 보통 2~3가닥의 실을 사용합니다. 급하게 가르면 엉킬 수 있으니 천천히 갈라주세요.

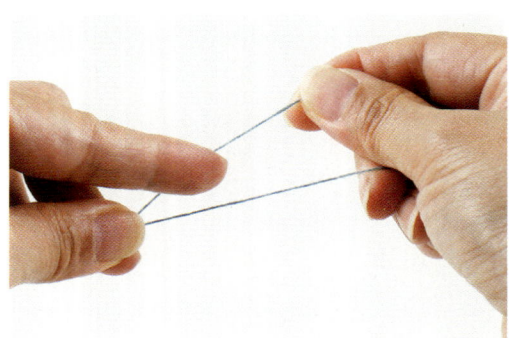

7. 바늘 사용법

사용되는 바늘 : 바늘은 호수가 클수록 굵기가 얇습니다.

천의 조직과 실의 가닥수와 굵기와 따라 적당한 바늘을 사용합니다. 실의 가닥수에 따라 바늘을 선택해주세요. 예를 들어 얇은 바늘을 사용하면서 3가닥을 사용하여 수를 놓으면 실이 천을 통과하기 어렵거나, 바늘이 너무 굵으면 수를 놓은 뒤 천에 구멍이 나게 됩니다.

8. 실 꿰기

방법 1 _실 가닥을 잘 정리하여 바늘귀에 끼워줍니다.

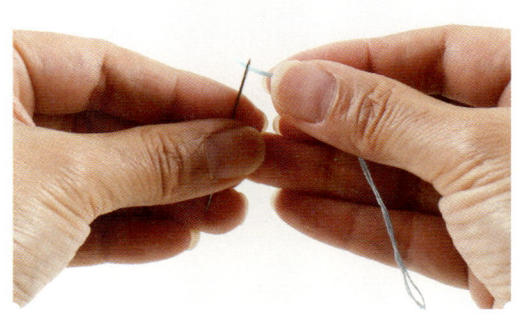

방법 2 _실 끼우개를 사용하여 끼워줍니다.

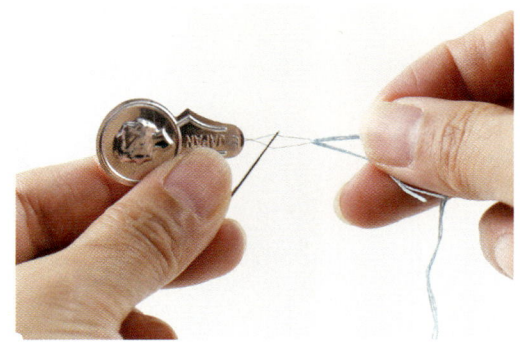

9. 매듭짓기

실위에 바늘을 올려두고 두 번 정도 감아준 뒤,
매듭을 잡고 잡아당겨줍니다.

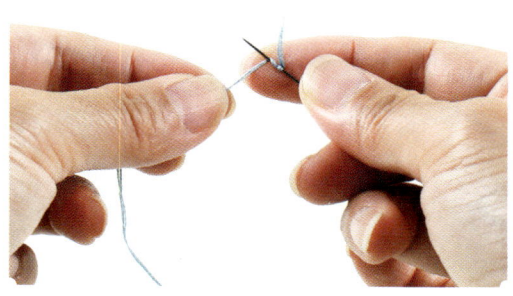

10. 수놓기

원하는 수를 예쁘게 놓아주세요.

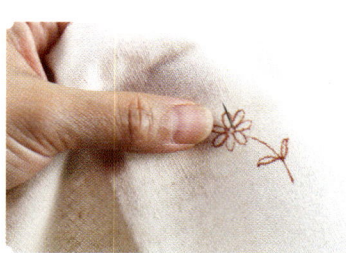

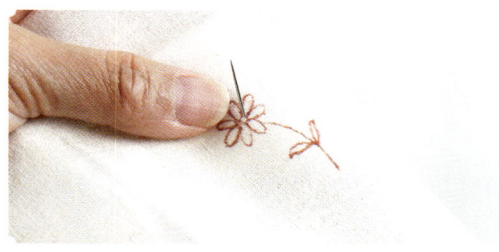

11. 마무리하기

방법 1 _굵은 매듭을 짓는 것이 싫다면 매듭을 짓
지 않고 실 사이를 통과하거나, 휘감아주세요.

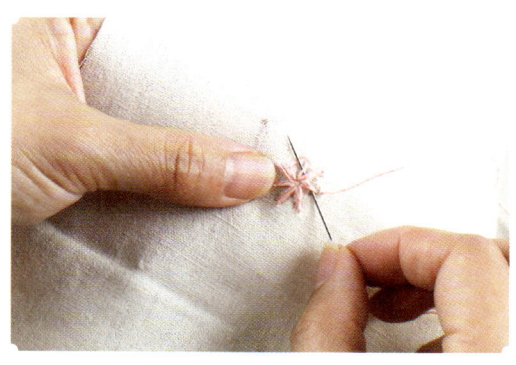

방법 2 _자주 세탁하는 것에 수를 놓았다면 매듭
을 지어서 마무리하는 게 좋습니다.

이 책에 사용되는 기본 스티치 기법

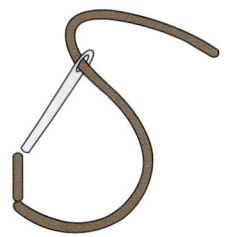 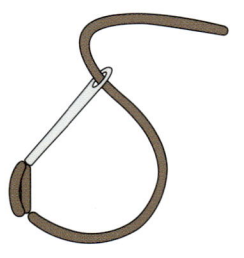

그라니토스 스티치
Granitos Stitch

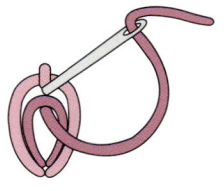 

더블 레이지 데이지 스티치
Double Lazy Daisy Stitch

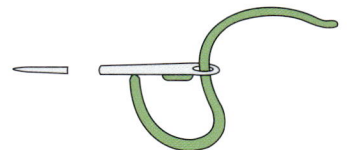

러닝 스티치
Running Stitch

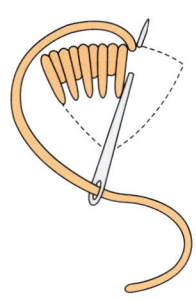 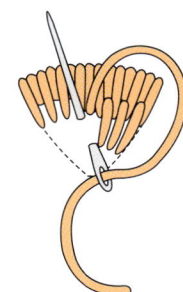 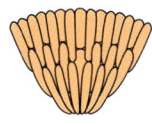

롱앤드쇼트 스티치
Long & Short Stitch

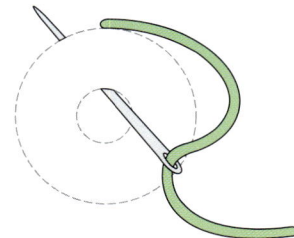 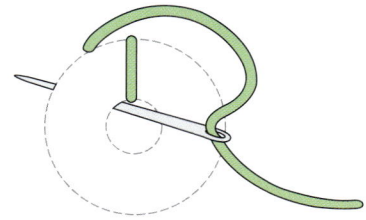 

밀 플라워 스티치
Mill Flower Stitch

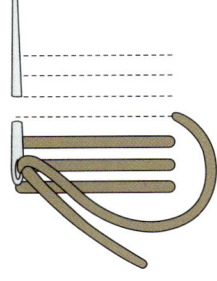 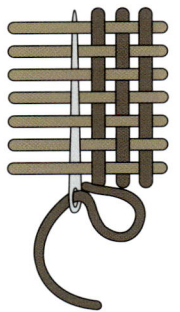 

바스켓 스티치
Basket Stitch

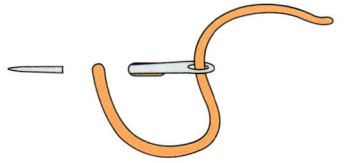 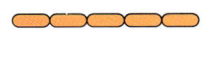

백 스티치
Back Stitch

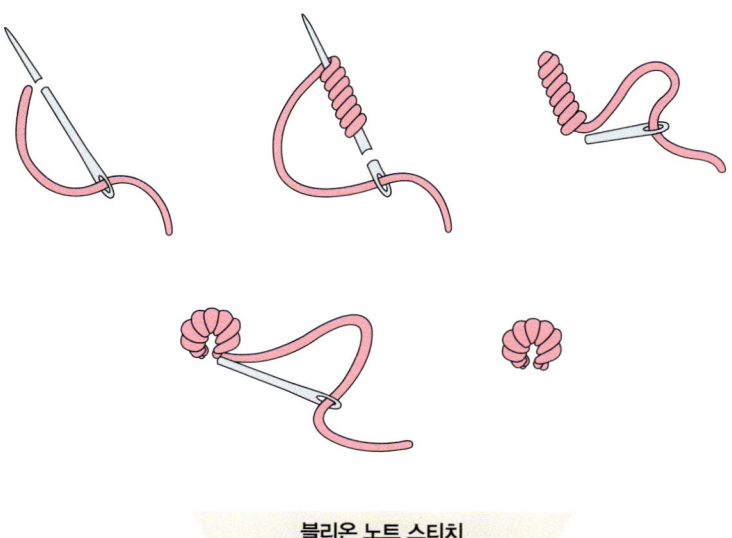

블리온 노트 스티치
Bullion Knot Stitch

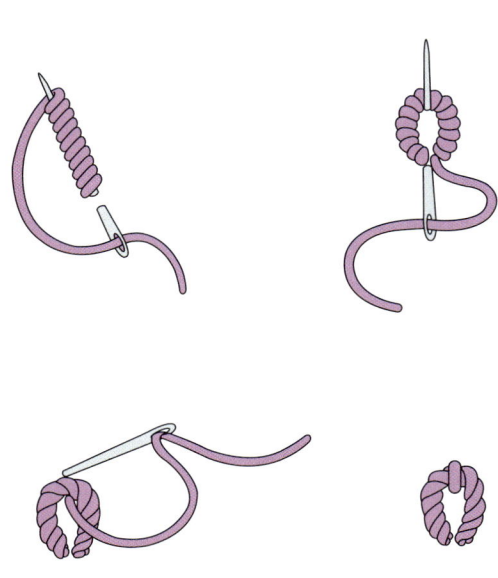

블리온 레이지 데이지 스티치
Bullion Lazy Daisy Stitch

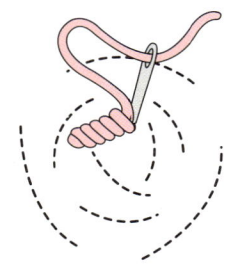 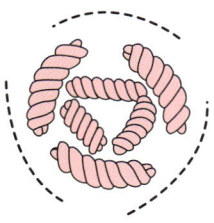 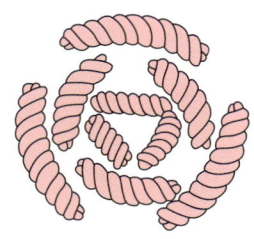

블리온 로즈 스티치
Bullion Rose Stitch

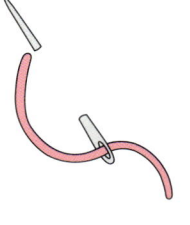 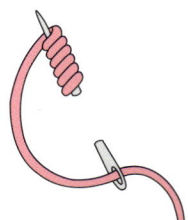

블리온 스티치
Bullion Stitch

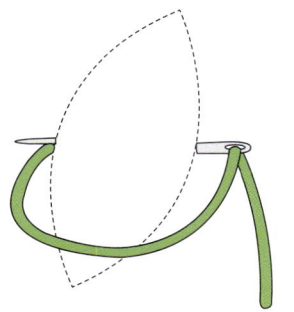 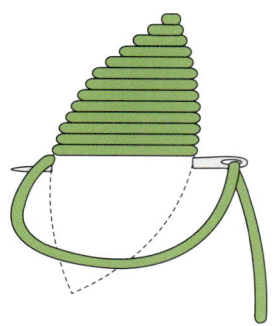 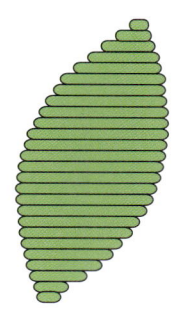

새틴 스티치
Satin Stitch

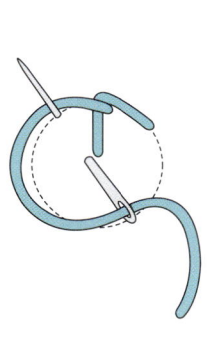 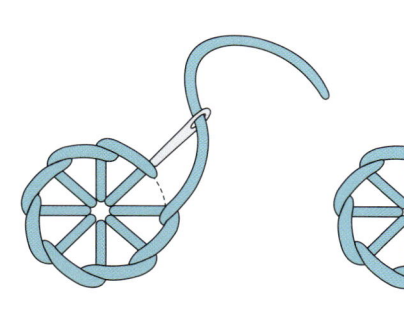

서클 버튼홀 스티치
Circle Buttonhome Stitch

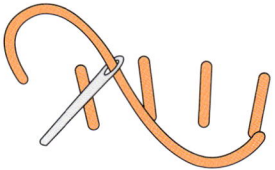 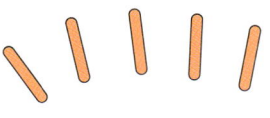

스트레이트 스티치
Straight Stitch

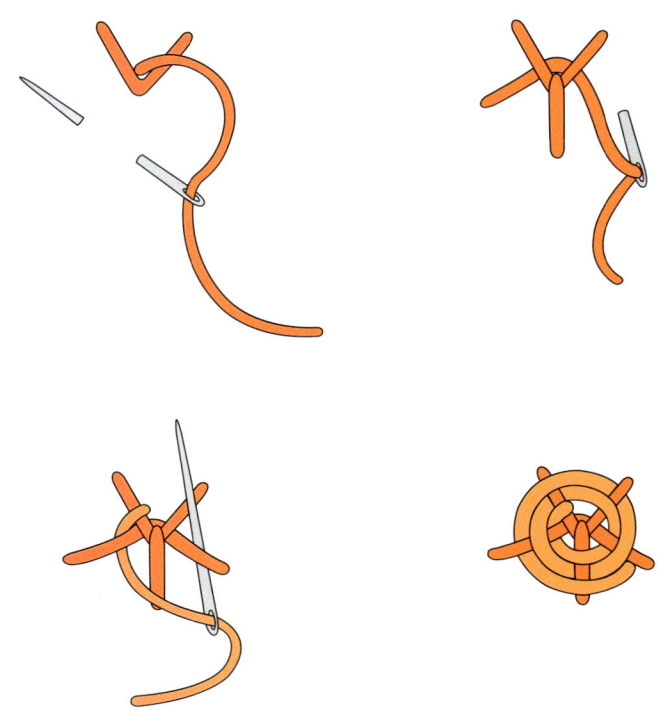

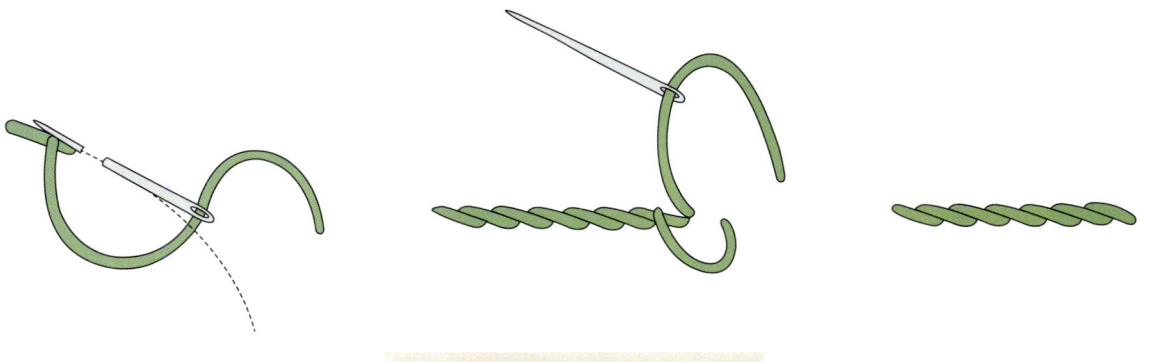

아우트라인 스티치
Outline Stitch

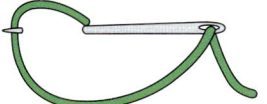 

체인 스티치
Chain Stitch

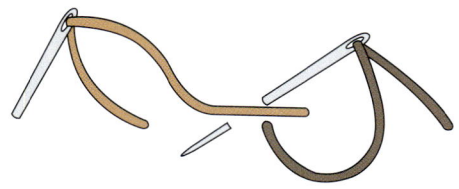 

카우칭 스티치
Couching Stitch

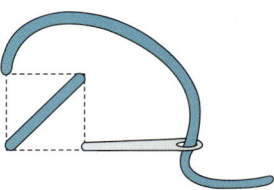 

크로스 스티치
Cross Stitch

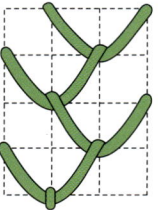

페더 스티치
Feather Stitch

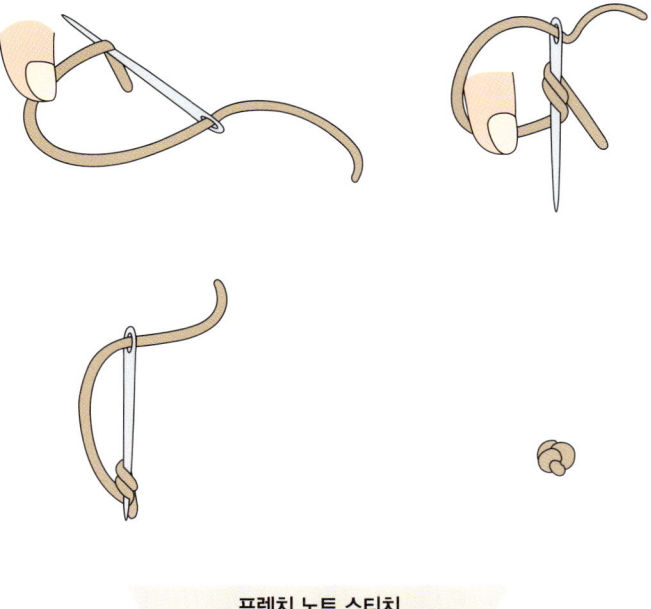

프렌치 노트 스티치
French Knot Stitch

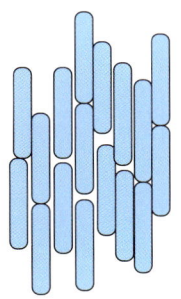 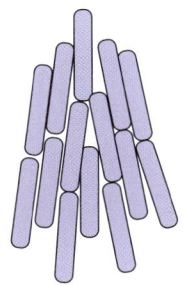

프리 스티치
Free Stitch

플라이 스티치
Fly Stitch

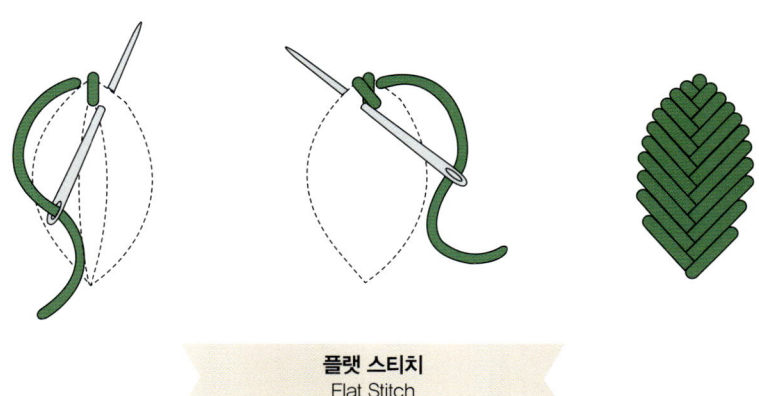

플랫 스티치
Flat Stitch

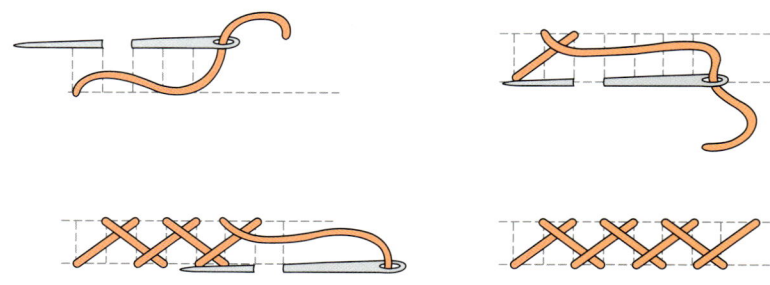

헤링본 스티치
Herringbone Stitch

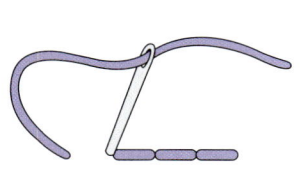 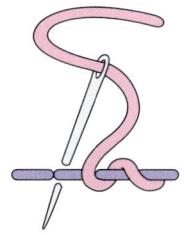 

휘프트 백 스티치
Whipped Bach Stitch

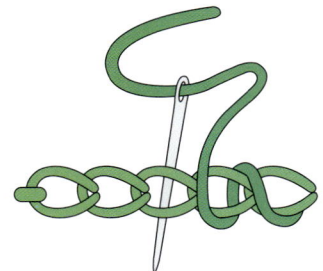 

휘프트 체인 스티치
Whipped Chain Stitch

이 책에 사용되는 입체 스티치 기법

레이지드 리프 스티치
Raised Leaf Stitch

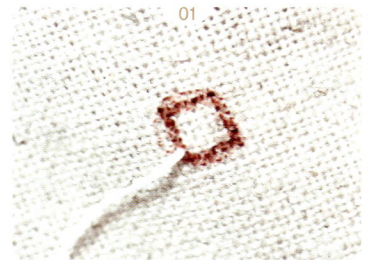

꽃잎을 만들 크기만큼 그려주고, 한쪽 귀퉁이에서 바늘을 빼내어줍니다.

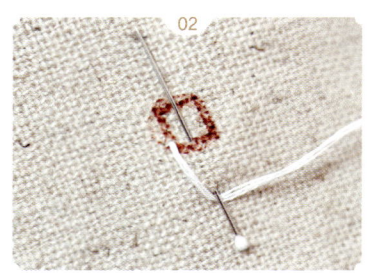

중심에 시침핀을 그림과 같이 떠줍니다.

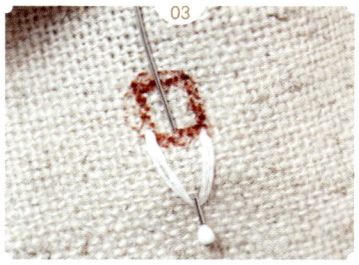

시침핀에 실을 걸어 반대쪽으로 실을 넣어줍니다.

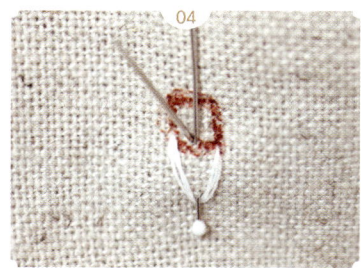

시침핀이 있는 중앙으로 다시 바늘을 빼내어

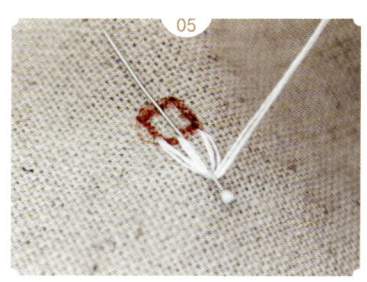

시침핀에 걸어줍니다.

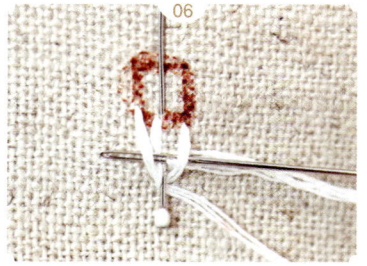

왼쪽 방향으로 양쪽 끝 실의 아래쪽으로 통과시켜줍니다(06, 06-1).

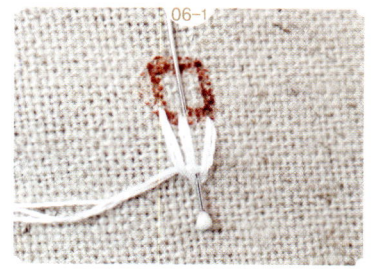 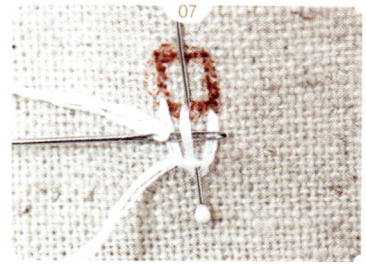 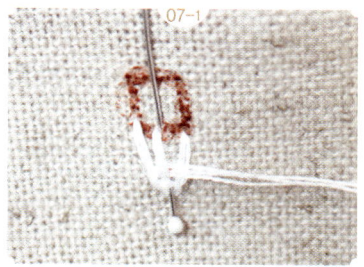

오른쪽 방향으로 가운데 있는 실의 아래쪽으로 통과시킵니다(07, 07-1).

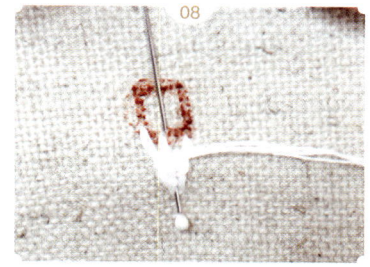 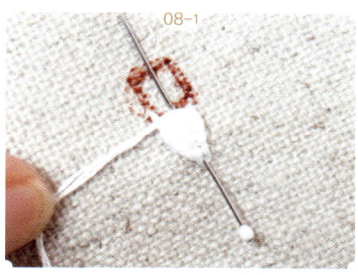 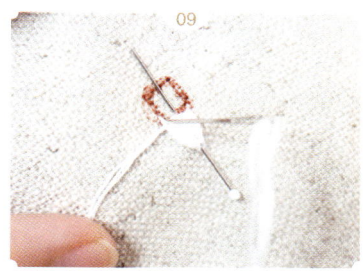

계속 같은 방법으로 실을 떠줍니다. 꽃잎의 모양이 망가지지 않도록 적당히 당겨가며 모양을 만들어줍니다(08, 08-1).

마무리해줍니다(09, 09-1).

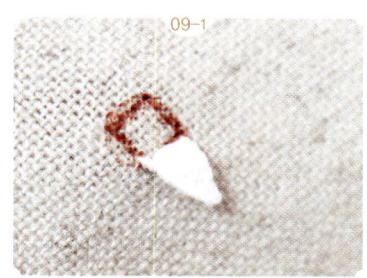  

나머지 꽃잎도 같은 방법으로 완성해줍니다.

두 개의 꽃잎을 위로 올려 가운데를 시침핀으로 고정시킨 뒤, 위와 같은 방법으로 꽃잎을 떠줍니다(11, 11-1).

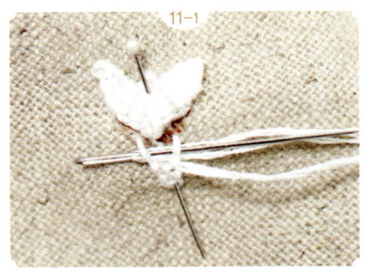

나머지 4개의 꽃잎도 같은 방법으로 완성시킵니다(12, 12-1).

가운데 부분에 프렌치 너트 스티치로 수술
을 놓아줍니다.

완성

스미르나 스티치
Smyrna Stitch

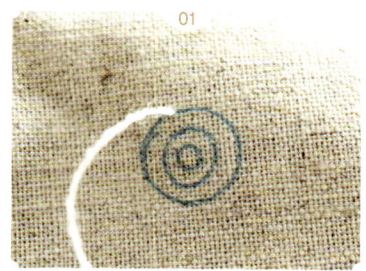

수놓을 꽃잎을 그려준 뒤 제일 바깥쪽 라인부터 시작해주세요.

실을 위쪽으로 올려놓고, 백 스티치처럼 한 땀을 간 뒤 반대방향으로 떠주세요.

완전히 빼지 말고 꽃잎이 될 실을 적당히 남겨주세요.

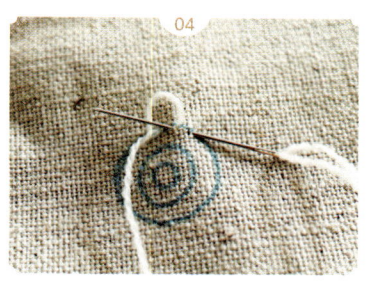

실을 아래로 향하게 한 뒤, 되돌아가서 또 한 땀을 떠줍니다.

실을 끝까지 당겨주세요. 꽃잎이 되는 실이 풀리지 않도록 고정시켜주는 작업입니다.

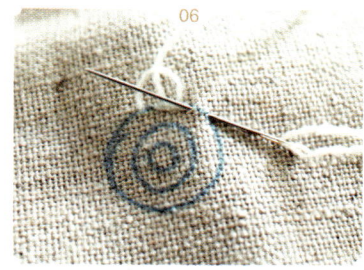

다시 실을 위쪽으로 향하게 한 뒤, 한 땀 옆으로 갔다가 되돌아 떠주며 꽃잎을 만들어주세요.

04와 같은 방법으로 떠주세요.

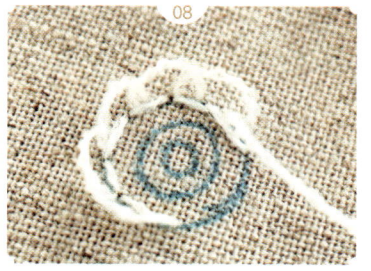

같은 방법으로 계속 방법으로 반복하면서 수놓으세요.

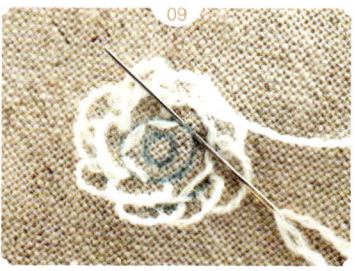

두 번째 안쪽 동그라미도 같은 방법으로 채워주세요.

33

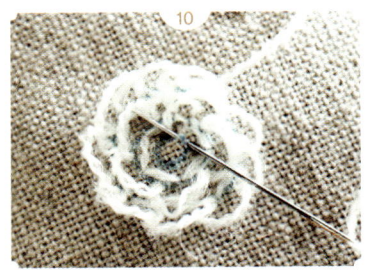

세 번째 동그라미도 같은 방법으로 채워주세요.

꽃잎이 완성되었습니다. 땀을 더 촘촘하게 하거나, 동그라미의 개수를 많이 할수록 풍성한 꽃잎이 됩니다.

안쪽에 프렌치 너트 스티치로 수술을 완성해줍니다.

와이어 스티치
Wire Stitch

01

02

망사천을 준비하고, 와이어를 모양대로 잘 라줍니다.

끝에 고정을 해줍니다.

03

03-1

04

메탈릭사 두 가닥으로 와이어를 감싸며 버튼홀 스티치를 해줍니다(03, 03-1).

안쪽에 한 가닥으로 페더 스티치를 해줍 니다.

05

06

실이 잘리지 않게 망사의 끝부분을 잘라줍 니다.

완성

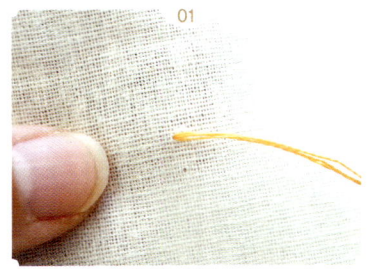

01

꽃잎이 될 위쪽으로 바늘을 빼주세요

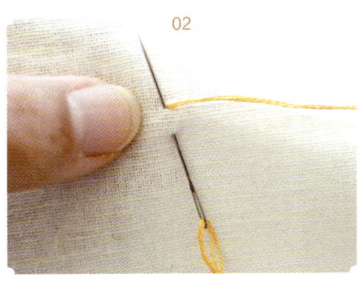

02

꽃잎의 길이만큼 아래쪽으로 바늘을 떠서
바늘을 꽂은 위쪽으로 통과시켜둡니다.

03

실을 손가락에 한 번 꼬아 감아서

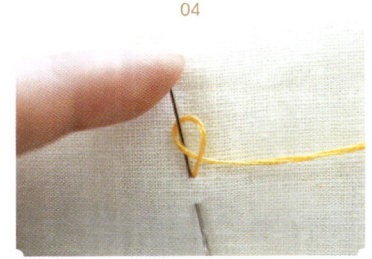

04

바늘에 끼운 후

05

당겨주세요

06

같은 방법으로 반복하여

07

땀을 뜬 길이만큼 실의 매듭을 만들어주
세요.

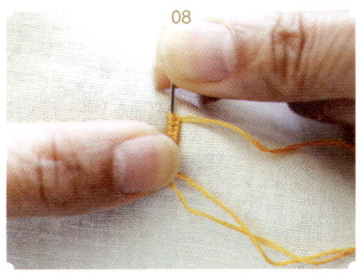

08

매듭을 엄지손으로 잡고 바늘을 위로 빼주
세요.

09

실을 당기면서

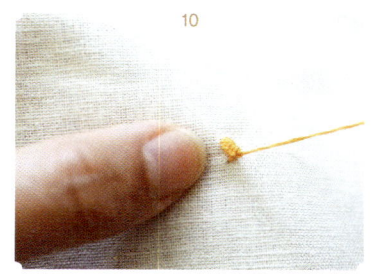

정리해줍니다.

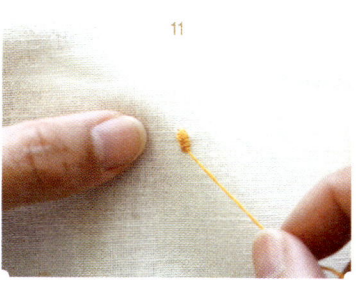

여분의 실이 남지 않도록 밑으로 당겨주세요.

밑의 구멍으로 바늘을 통과시킵니다.

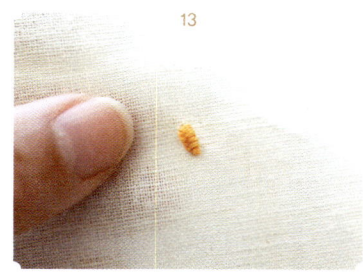

완성

Work

작품

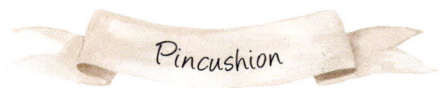

숲 속 친구

호박핀쿠션

자수를 시작하면 기본 재료 다음으로 제일 필요한 게 핀쿠션입니다.

기왕이면 다홍치마라고 옆에 두고 항상 사용하는 핀쿠션이 예쁘다면,

자수를 하는 내내 눈이 즐거울 것입니다.

한 가닥, 두 가닥으로 이루어진 작고 세밀한 자수입니다.

앙증맞은 느낌의 나만의 핀쿠션을 만들어보세요.

 사용한 실
White, 224, 301, 322, 351, 435, 436, 470, 472, 535, 597, 648, 734, 743, 801, 827, 840, 922, 3042, 3046, 3052, 3776, 3828

사용한 스티치
레이지 데이지 스티치, 롱앤드쇼트 스티치, 백 스티치, 새틴 스티치, 스트레이트 스티치, 아웃라인 스티치, 체인 스티치, 프렌치 노트 스티치, 프리 스티치, 플라이 스티치, 휘프트 체인 스티치

사용한 패브릭
아이보리 리넨

• 1:1 도안입니다.

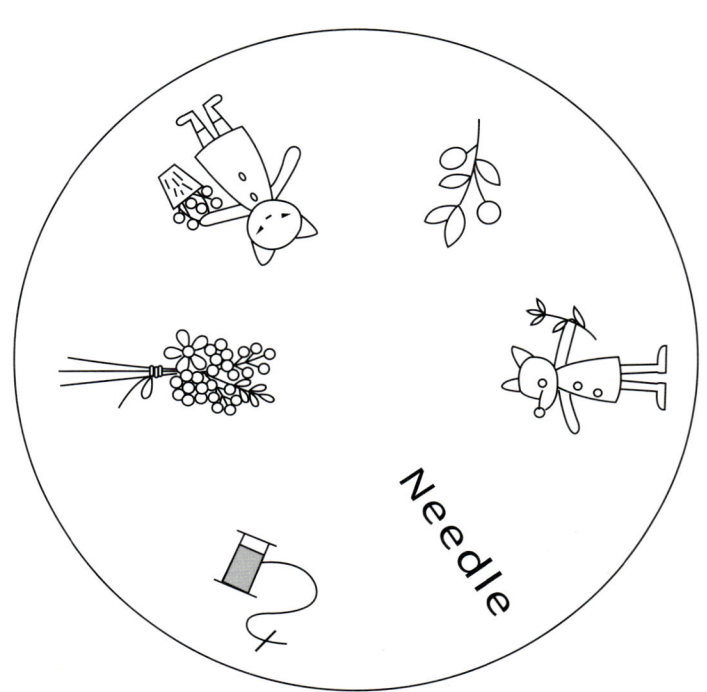

Needle

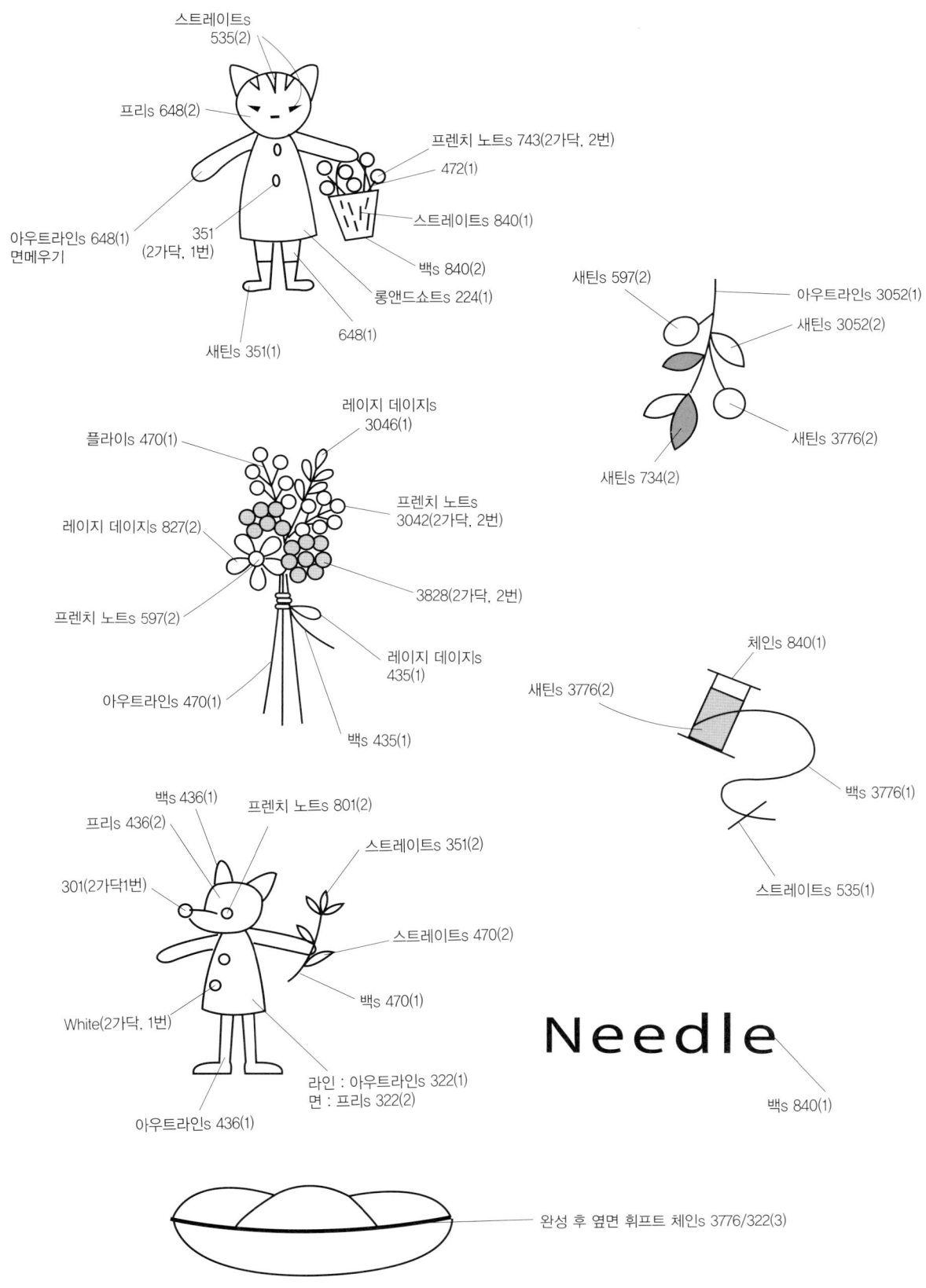

스트레이트s
535(2)

프리s 648(2)

프렌치 노트s 743(2가닥, 2번)

472(1)

스트레이트s 840(1)

아우트라인s 648(1)
면메우기

351
(2가닥, 1번)

백s 840(2)

롱앤드쇼트s 224(1)

새틴s 351(1)

648(1)

새틴s 597(2)

아우트라인s 3052(1)

새틴 3052(2)

새틴s 3776(2)

새틴s 734(2)

레이지 데이지s
3046(1)

플라이s 470(1)

프렌치 노트s
3042(2가닥, 2번)

레이지 데이지s 827(2)

프렌치 노트s 597(2)

3828(2가닥, 2번)

레이지 데이지s
435(1)

아우트라인s 470(1)

백s 435(1)

체인s 840(1)

새틴s 3776(2)

백s 3776(1)

스트레이트s 535(1)

백s 436(1)

프렌치 노트s 801(2)

프리s 436(2)

스트레이트s 351(2)

301(2가닥1번)

스트레이트s 470(2)

White(2가닥, 1번)

백s 470(1)

라인 : 아우트라인s 322(1)
면 : 프리s 322(2)

아우트라인s 436(1)

Needle

백s 840(1)

완성 후 옆면 휘프트 체인s 3776/322(3)

완성 사이즈 지름 9cm

준비물 수를 놓은 패브릭 1장 , 뒷면 패브릭 1장, 겸자가위, 실가위, 솜, 실, 예쁜 단추

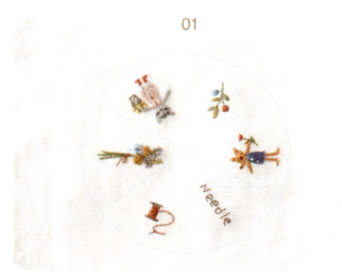

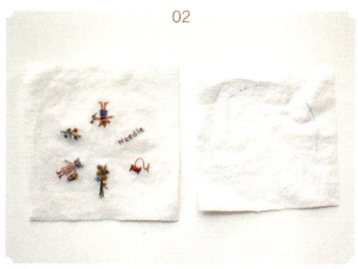

지름 10cm의 동그란 원을 그려 6등분을 한 후, 적당한 위치에 수를 놓습니다.

겉끼리 맞대어줍니다(02, 02-1).

완성한 패브릭의 겉감과 뒷지를 맞대고 창
구멍을 남겨두고 박음질해줍니다.

톱니 모양으로 가위집을 내주세요.

Pin-cushion

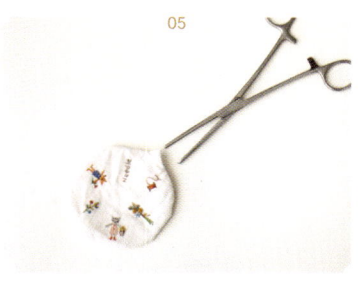

겸자가위로 솜을 빵빵하게 채운 뒤, 공그르기나 시침질로 마무리합니다(05, 05-1, 05-2).

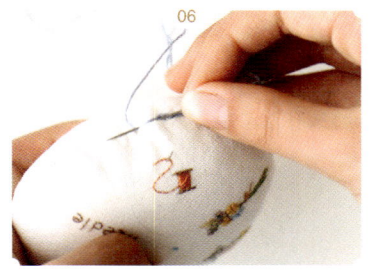

옆 이음 부분은 휘프트 체인 스티치를 놓습니다.

중심점에 앞뒤로 바늘을 두세 번 찔러 고정을 시켜준 뒤,

뒤에서 나온 바늘을 반 바퀴 돌려 다시 앞 중심으로 통과시켜 실을 당겨줍니다. 대칭이 되는 곳도 같은 방법으로 실을 당겨주고,

4등분, 6등분으로 작업합니다.

앞쪽 중심에 바늘이 나오게 하여 단추를 달아 앞뒤로 여러 번 단단히 고정을 시킨 뒤, 뒤에서 매듭지어 마무리합니다.

• 휘프트 체인 스티치 : 3776/322, 3가닥
• 6등분한 실 : 734, 6가닥

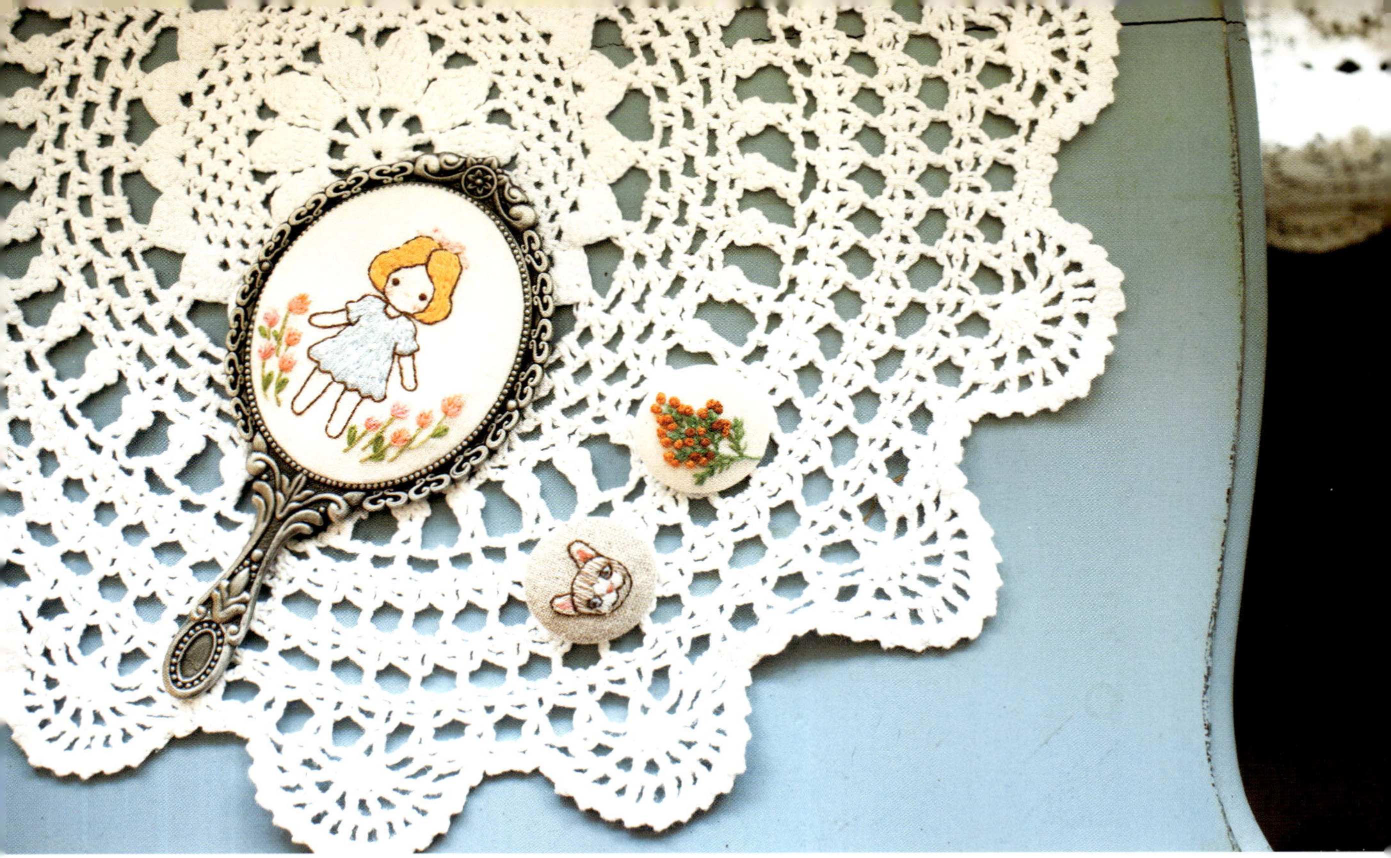

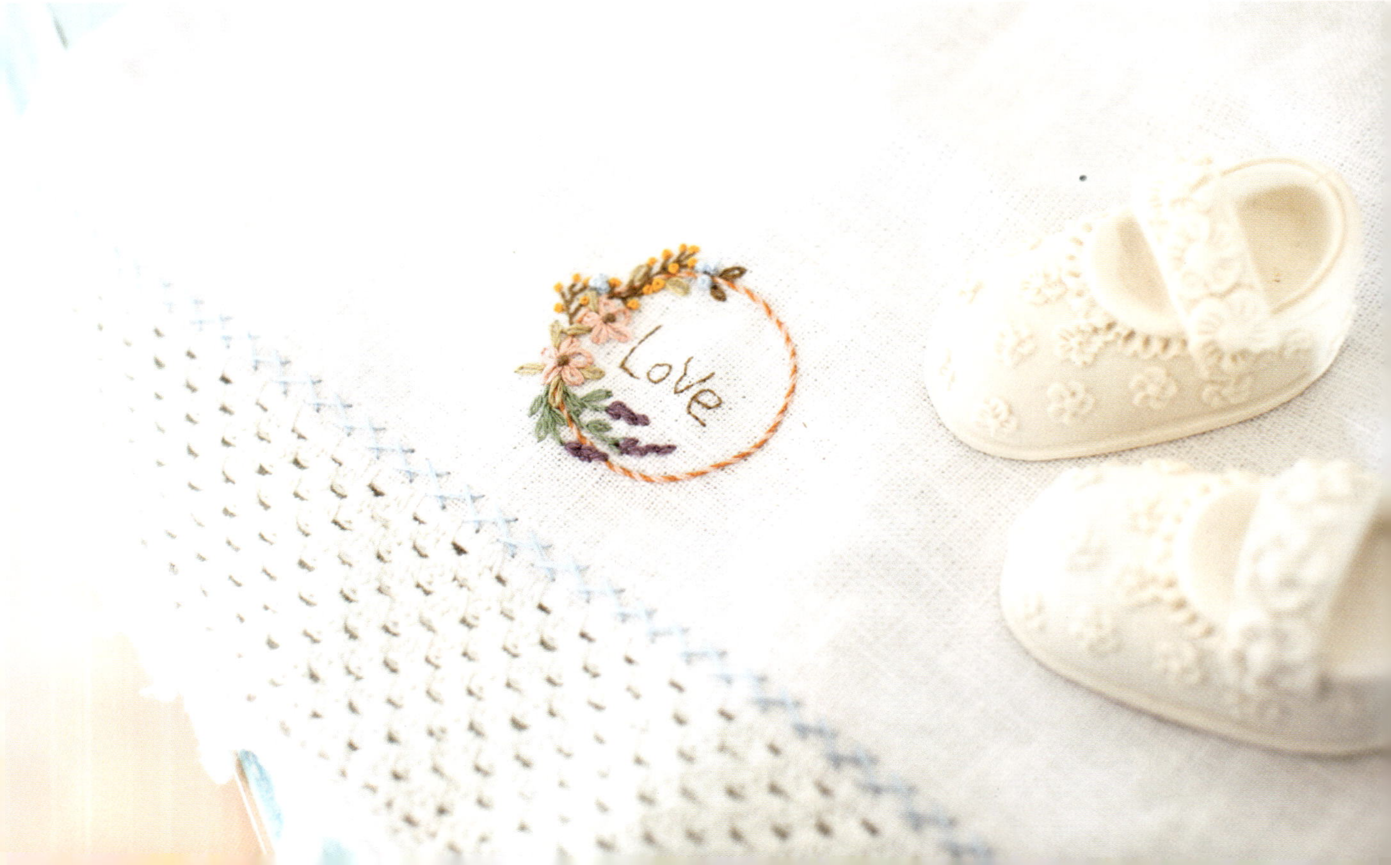
Love

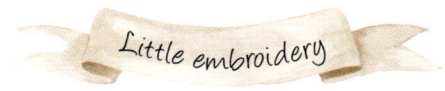

8가지 소소한 자수

'소소하다'의 사전적 의미는 '작고 대수롭지 아니하다'입니다.
이 작고 대수롭지 않은 정의에 우리는 어느 순간부터인가
큰 의미를 부여하는 것 같아요.
사치스러움의 반대 의미로,
소소함의 콘셉트에 맞추어 무언가 꾸미고 세팅을 해야만 한다고 말이죠.
SNS의 발달로 더더욱 하나의 흐름으로 자리잡은 듯해요.
소소함을 사랑한다는 것은 꾸미지 않는 그대로의
일상을 사랑하는 것이겠죠.

일상생활의 즐거움의 포인트가 되어줄 소소한 자수입니다.

사용한 실
White, 224, 225, 320, 349, 371, 372, 402, 434, 435, 437, 471, 472, 522, 597, 611, 612, 712,
729, 739, 743, 744, 801, 813, 827, 841, 921, 922, 976, 3031, 3041, 3064, 3346, 3364, 3712,
3820, 3841, B4066

사용한 스티치
그라니토스 스티치, 레이지 데이지 스티치, 레이지드 리프 스티치, 백 스티치, 블리온 스티치, 새틴
스티치, 스트레이트 스티치, 아우트라인 스티치, 체인 스티치, 카우칭 스티치, 프렌치 노트 스티치,
플라이 스티치, 플랫 스티치, 휘프트 백 스티치

• 토끼와 고양이, 들꽃 브로치는 지름 28mm짜리를 사용하였습니다.
• 1:1 도안입니다.

C A T

I
am

LoVe

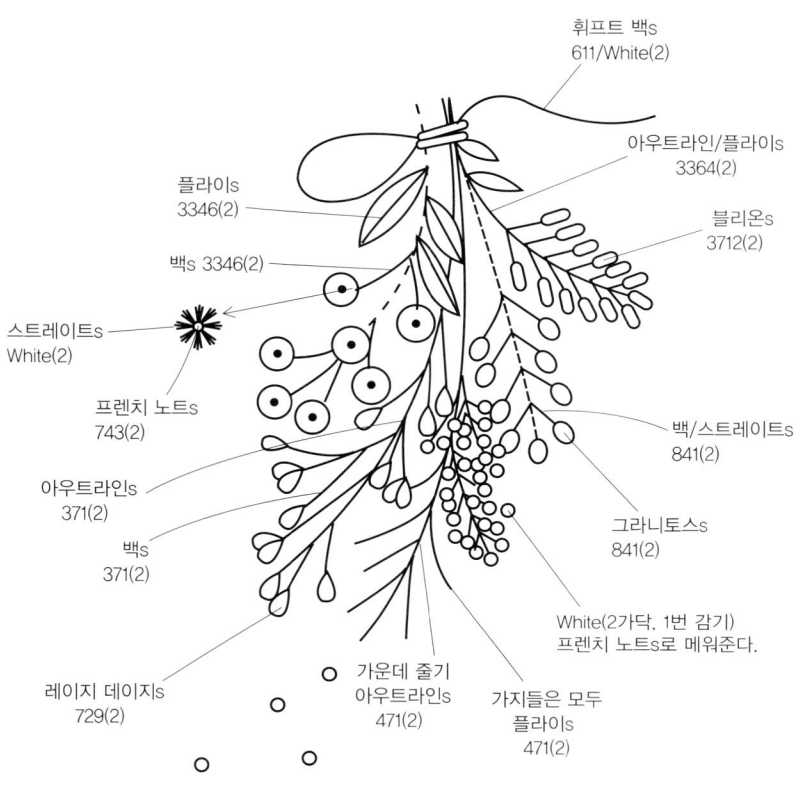

휘프트 백s
611/White(2)

아우트라인/플라이s
3364(2)

플라이s
3346(2)

블리온s
3712(2)

백s 3346(2)

스트레이트s
White(2)

프렌치 노트s
743(2)

백/스트레이트s
841(2)

아우트라인s
371(2)

백s
371(2)

그라니토스s
841(2)

White(2가닥, 1번 감기)
프렌치 노트s로 메워준다.

레이지 데이지s
729(2)

가운데 줄기
아우트라인s
471(2)

가지들은 모두
플라이s
471(2)

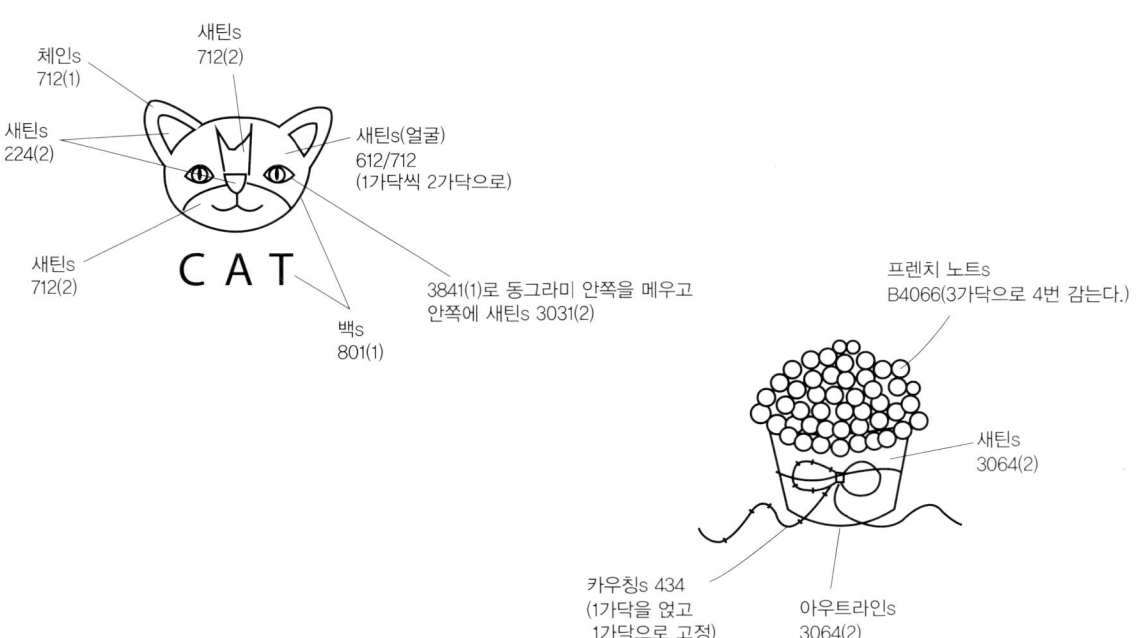

체인s
712(1)

새틴s
712(2)

새틴s
224(2)

새틴s(얼굴)
612/712
(1가닥씩 2가닥으로)

새틴s
712(2)

C A T

백s
801(1)

3841(1)로 동그라미 안쪽을 메우고
안쪽에 새틴s 3031(2)

프렌치 노트s
B4066(3가닥으로 4번 감는다.)

새틴s
3064(2)

카우칭s 434
(1가닥을 얹고
1가닥으로 고정)

아우트라인s
3064(2)

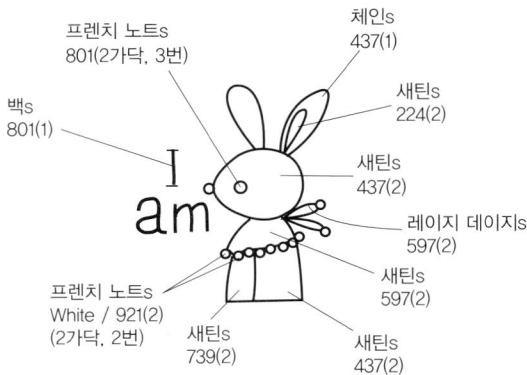

프렌치 노트s
801(2가닥, 3번)

체인s
437(1)

새틴s
224(2)

백s
801(1)

새틴s
437(2)

레이지 데이지s
597(2)

프렌치 노트s
White / 921(2)
(2가닥, 2번)

새틴s
597(2)

새틴s
739(2)

새틴s
437(2)

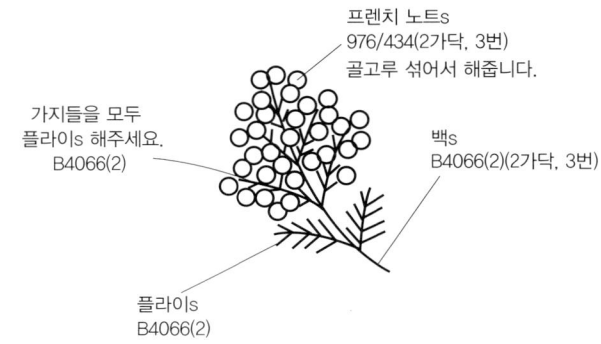

프렌치 노트s
976/434(2가닥, 3번)
골고루 섞어서 해줍니다.

가지들을 모두
플라이s 해주세요.
B4066(2)

백s
B4066(2)(2가닥, 3번)

플라이s
B4066(2)

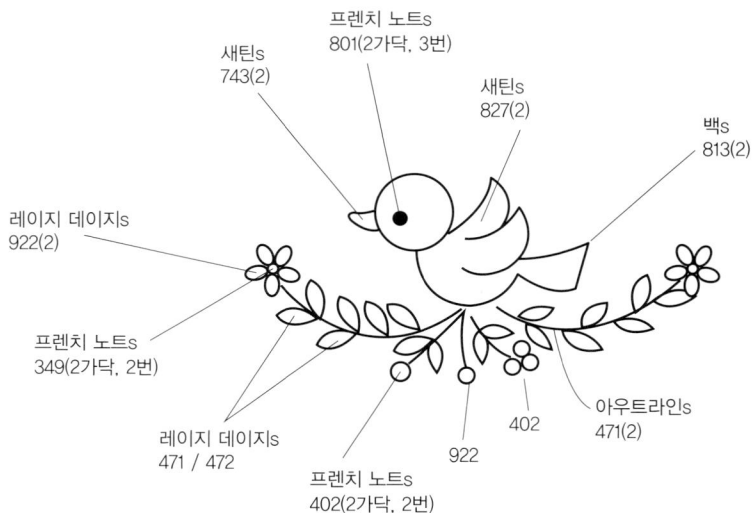

새틴s
743(2)

프렌치 노트s
801(2가닥, 3번)

새틴s
827(2)

백s
813(2)

레이지 데이지s
922(2)

프렌치 노트s
349(2가닥, 2번)

아웃라인s
471(2)

402

922

레이지 데이지s
471 / 472

프렌치 노트s
402(2가닥, 2번)

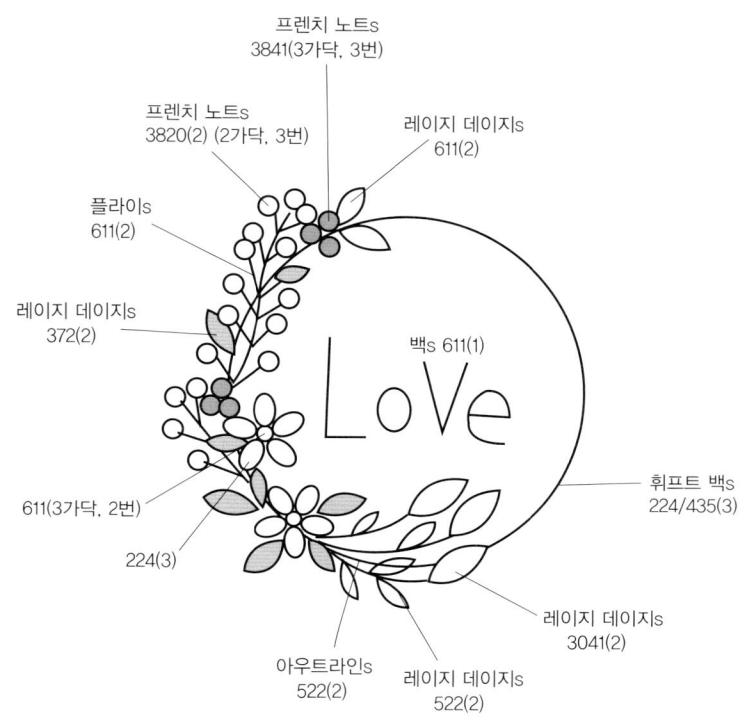

프렌치 노트s
3841(3가닥, 3번)

프렌치 노트s
3820(2) (2가닥, 3번)

레이지 데이지s
611(2)

플라이s
611(2)

레이지 데이지s
372(2)

백s 611(1)

휘프트 백s
224/435(3)

611(3가닥, 2번)

224(3)

레이지 데이지s
3041(2)

아웃라인s
522(2)

레이지 데이지s
522(2)

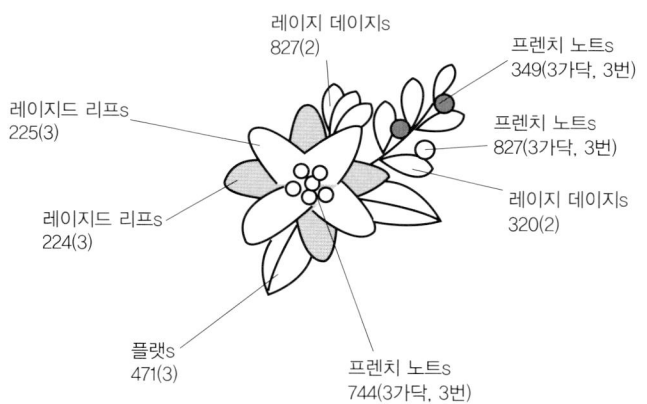

레이지 데이지s
827(2)

프렌치 노트s
349(3가닥, 3번)

레이지드 리프s
225(3)

프렌치 노트s
827(3가닥, 3번)

레이지 데이지s
320(2)

레이지드 리프s
224(3)

플랫s
471(3)

프렌치 노트s
744(3가닥, 3번)

Character

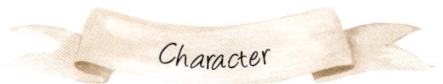

에일린과 안젤라

우드토이 캐릭터

제가 디자인한 우드토이로 만들어낸 캐릭터 에일린과 안젤라예요.
우드와 만났을 때와 또 다른 느낌인 실로 그린 그림으로 재탄생한 아이들입니다.
실의 포근한 느낌과 만나 사랑스러움이 한층 더 묻어나네요.
그리 어렵지 않는 스티치들로 디테일한 자수 솜씨를 발휘해보세요.
작은 꽃들로 베개나 아이의 하얀 원피스, 블라우스에도 활용하세요.

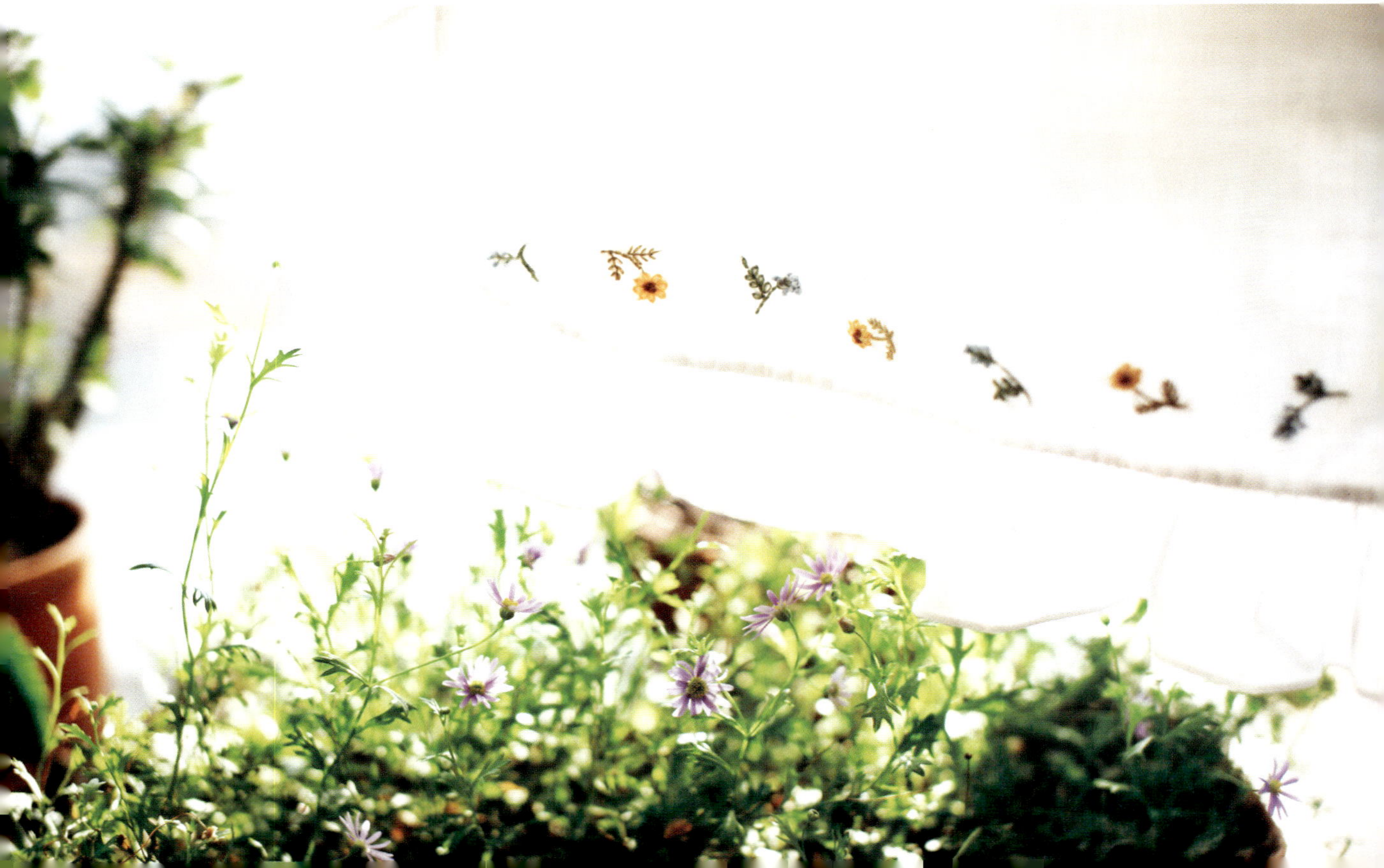

 사용한 실
White, 224, 322, 352, 371, 372, 402, 470, 471, 524, 610, 676, 725, 760, 801, 813, 987, 989, 3052, 3772, 3841

사용한 스티치
더블 레이지 데이지 스티치, 레이지 데이지 스티치, 롱앤드쇼트 스티치, 백 스티치, 새틴 스티치, 스트레이트 스티치, 아웃트라인 스티치, 프렌치 노트 스티치, 프리 스티치, 플라이 스티치

사용한 패브릭
에일린 파우치 : 벨지움 화이트 리넨
안젤라 거울 : 아이보리 리넨

Character
도안

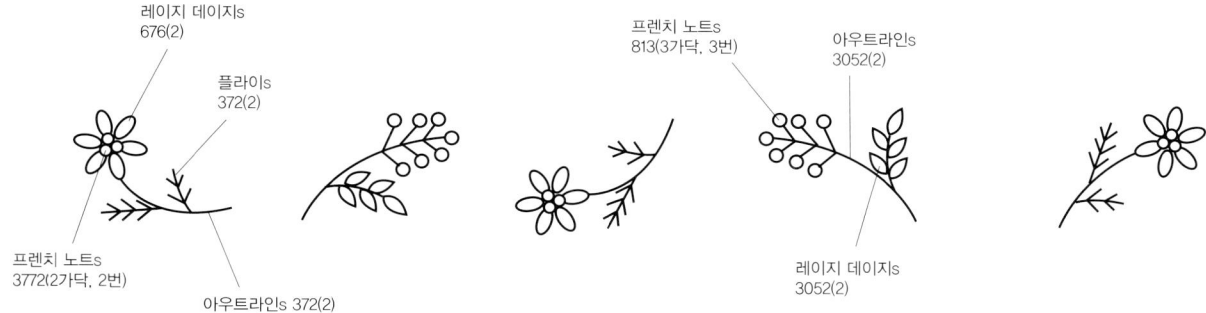

레이지 데이지s
676(2)

플라이s
372(2)

프렌치 노트s
3772(2가닥, 2번)

아우트라인s 372(2)

프렌치 노트s
813(3가닥, 3번)

아우트라인s
3052(2)

레이지 데이지s
3052(2)

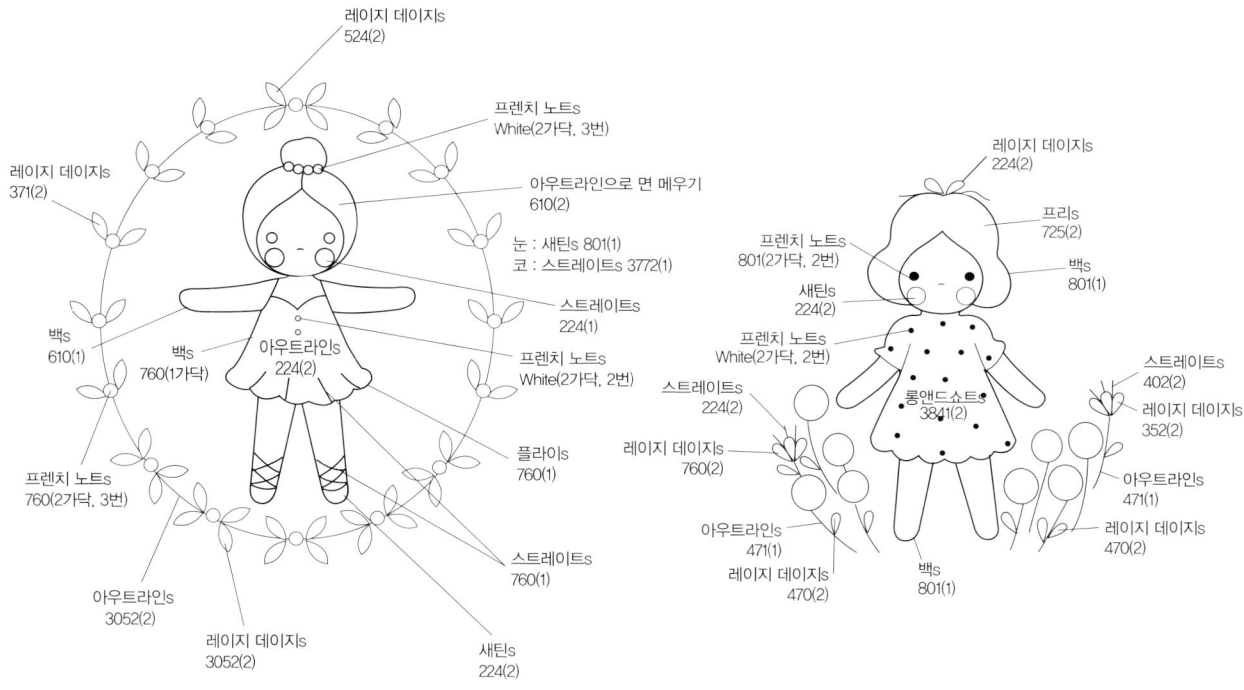

레이지 데이지s
524(2)

프렌치 노트s
White(2가닥, 3번)

아우트라인으로 면 메우기
610(2)

눈 : 새틴s 801(1)
코 : 스트레이트s 3772(1)

스트레이트s
224(1)

프렌치 노트s
White(2가닥, 2번)

플라이s
760(1)

스트레이트s
760(1)

새틴s
224(2)

레이지 데이지s
371(2)

백s
610(1)

백s
760(1가닥)

아우트라인s
224(2)

프렌치 노트s
760(2가닥, 3번)

아우트라인s
3052(2)

레이지 데이지s
3052(2)

레이지 데이지s
224(2)

프렌치 노트s
801(2가닥, 2번)

새틴s
224(2)

프렌치 노트s
White(2가닥, 2번)

프리s
725(2)

백s
801(1)

스트레이트s
224(2)

레이지 데이지s
760(2)

아우트라인s
471(1)

레이지 데이지s
470(2)

백s
801(1)

롱앤드쇼트s
3841(2)

스트레이트s
402(2)

레이지 데이지s
352(2)

아우트라인s
471(1)

레이지 데이지s
470(2)

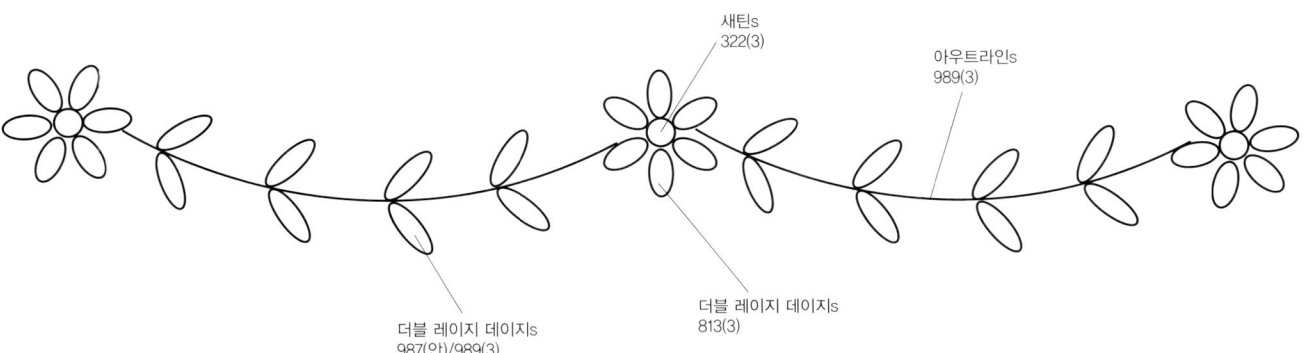

새틴s
322(3)

아우트라인s
989(3)

더블 레이지 데이지s
987(안)/989(3)

더블 레이지 데이지s
813(3)

How to Make

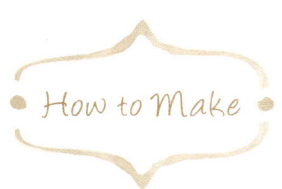

완성 사이즈 15×19cm

준비물 화이트 리넨, 끈

준비하기 1cm 시접을 포함한 사이즈입니다.

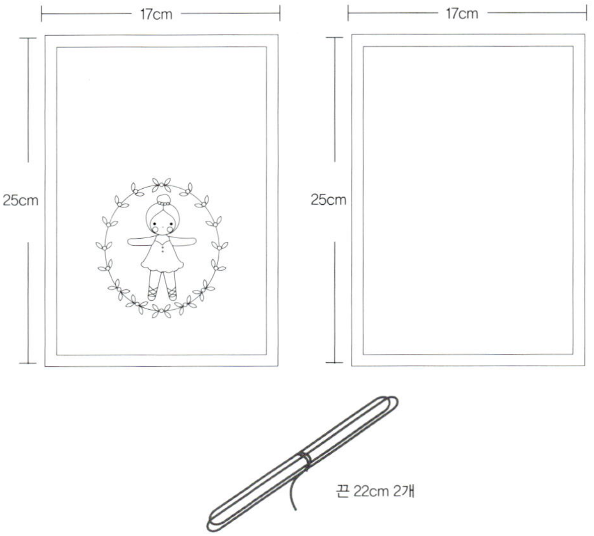
17cm
17cm
25cm
25cm
끈 22cm 2개

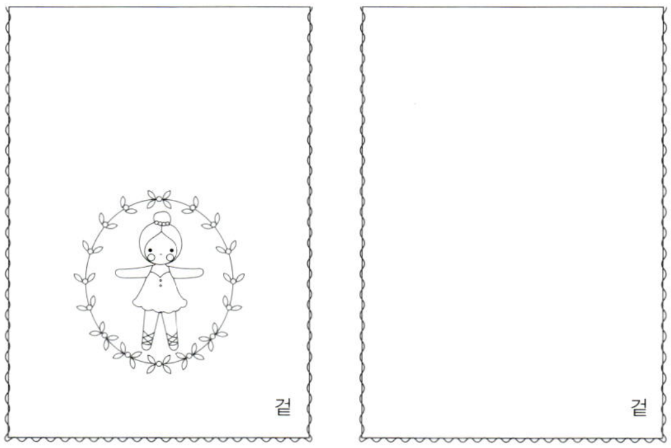
겉
겉

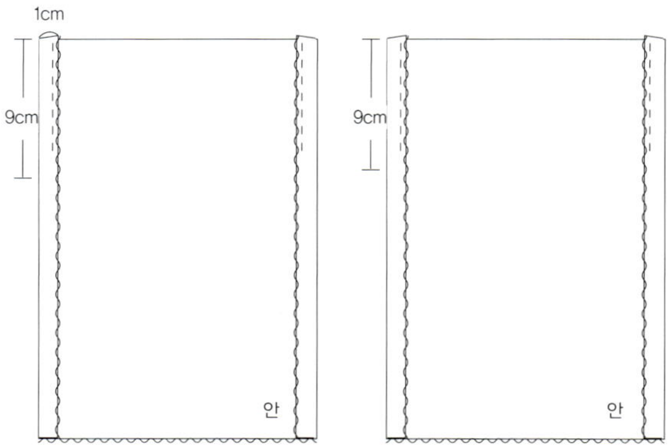
1cm
9cm
안
9cm
안

01 두 장 모두 가장자리를 오버룩합니다.

02 뒷면 안쪽 끝에서 9cm 정도까지 1cm 시접을 접어 박음질 해줍니다.

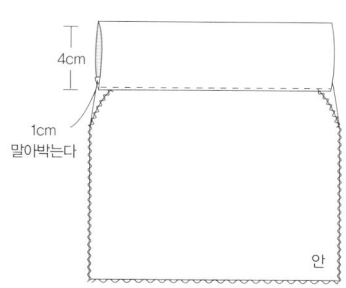

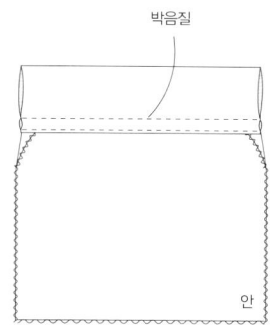

박음질

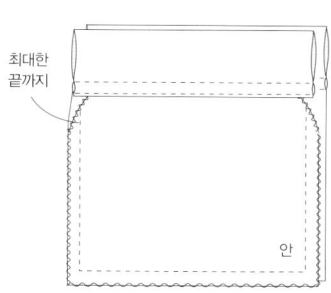

4cm

1cm
말아박는다

최대한
끝까지

안

안

안

03   두 장 모두 끝부분 1cm 시접을 접고, 반으로 접어 밑 부분을 박아줍니다.

04   끈이 통과할 터널이 생기도록 1cm 정도 윗부분도 박음질합니다.

05   2장의 겉끼리 맞대어, 최대한 끝부분까지 박아줍니다.

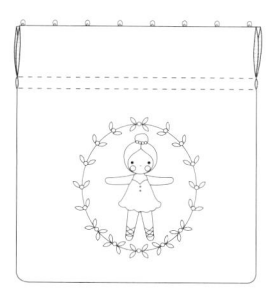

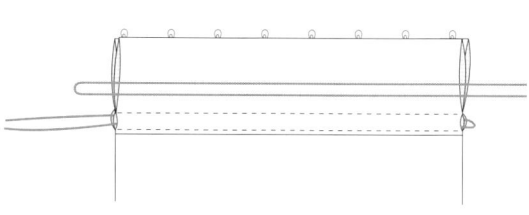

06   뒤집어주고 끝단에 블리온노트 (224, 3가닥) 스티치를 해줍니다.

07   끈을 ㄷ자로 양방향으로 끼워줍니다.

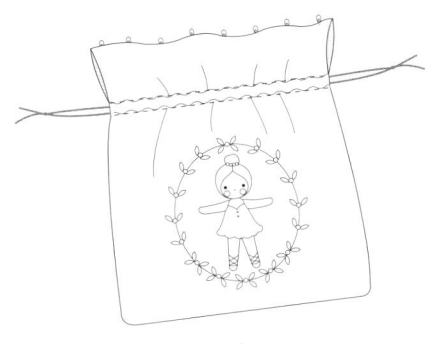

08   완성

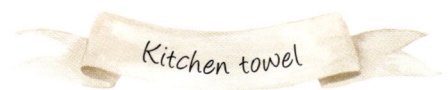

블루 키친타월

키친타월

마음에 남아 있는 찌꺼기가 쌓이고 쌓여 버리려고 해도 버려지지 않는다.
아직은 버려지지 않는다.
내보여야 하는지, 더 깊숙이 밀어 넣어야 하는지 고민하고 고민했다.
—2011년 38세의 〈케이블루 일기〉 중에서

마음이 심란할 때는 갑자기 집안이 어지러워 보여 청소를 시작합니다.
내 머리 곳곳을 청소하듯 열정적으로…….

주방에 잘 어울리는 깨끗한 블루 꽃의 키친타월을 만들어볼까요.
화이트 리넨에 짙은 파랑 꽃의 청초함이
머리까지 상쾌해지는 느낌입니다.

 사용한 실
312, 320, 471, 743, 813, 921, 922

사용한 스티치
.더블 레이지 데이지 스티치, 블리온 레이지 데이지 스티치, 새틴 스티치, 아우트라인 스티치, 프렌치 노트 스티치, 플라이 스티치, 헤링본 스티치

사용한 패브릭
벨지움 화이트 리넨

Kitchen towel
도안

Kitchen

새틴s 312(3)

새틴s 922(3)

블리온 레이지 데이지s
743(3)

프렌치 노트s
921(3가닥, 3번)

프렌치 노트s
813(3가닥, 3번)

더블 레이지 데이지s
471(3)

아우트라인s
312(2)

Kitchen

플라이s
320 (2)

더블 레이지 데이지s
743(3)

아랫단: 헤링본s 813(2)

가을을 타는 토끼

양면 스트링끈 파우치

귀여운 토끼가 낙엽이 흩날리는 바닥에 앉아 편안하게 휴식을 취하고 있어요.
바람이 횡횡 불고, 낙엽은 우수수 떨어집니다.
한껏 휴식을 취하는 모습이지만, 어딘가 쓸쓸해 보이네요.
이 그림 속에는 비밀이 숨겨져 있는데요. 바로 토끼가 들고 있는 장미랍니다.
수를 놓다가 즉흥적으로 떠올린 요소예요.
이 풍경 속 어디에도 빨간 장미가 있을법한 곳은 없어요.
하늘에서도 낙엽과 노란 꽃만 떨어지고, 바닥에도 낙엽과 노란 꽃만 뒹굴고 있어요.
그런데 이 토끼는 생뚱맞게 빨간 장미를 들고 있습니다.

이 장미는 바로 현실을 상징합니다.
들꽃처럼 아무렇게나 두면 안 되고, 정성스럽게 가꾸어야만 예쁘게 피는 장미.

그냥 두어도 예쁘게 자라는 들풀 속에 잠시 휴식을 취하러 온 모습이지만,
힐링을 하면서도 늘 현실을 걱정하는 마음을 손에 쥔 장미로 표현했어요.
우리 모두가 살아가는 모습이 아닐까요?

 사용한 실
225, 349, 436, 580, 611, 739, 761, 801, 841, W563, W842
—울사는 한 가닥으로 사용해주세요.

사용한 스티치
레이지 데이지 스티치, 롱앤드쇼트 스티치, 백 스티치, 새틴 스티치, 스트레이트 스티치, 스파이더
웹 로즈 스티치, 아우트라인 스티치, 페더 스티치, 프렌치 노트 스티치, 프리 스티치

사용한 패브릭
아이보리 리넨

• 1:1 도안입니다.

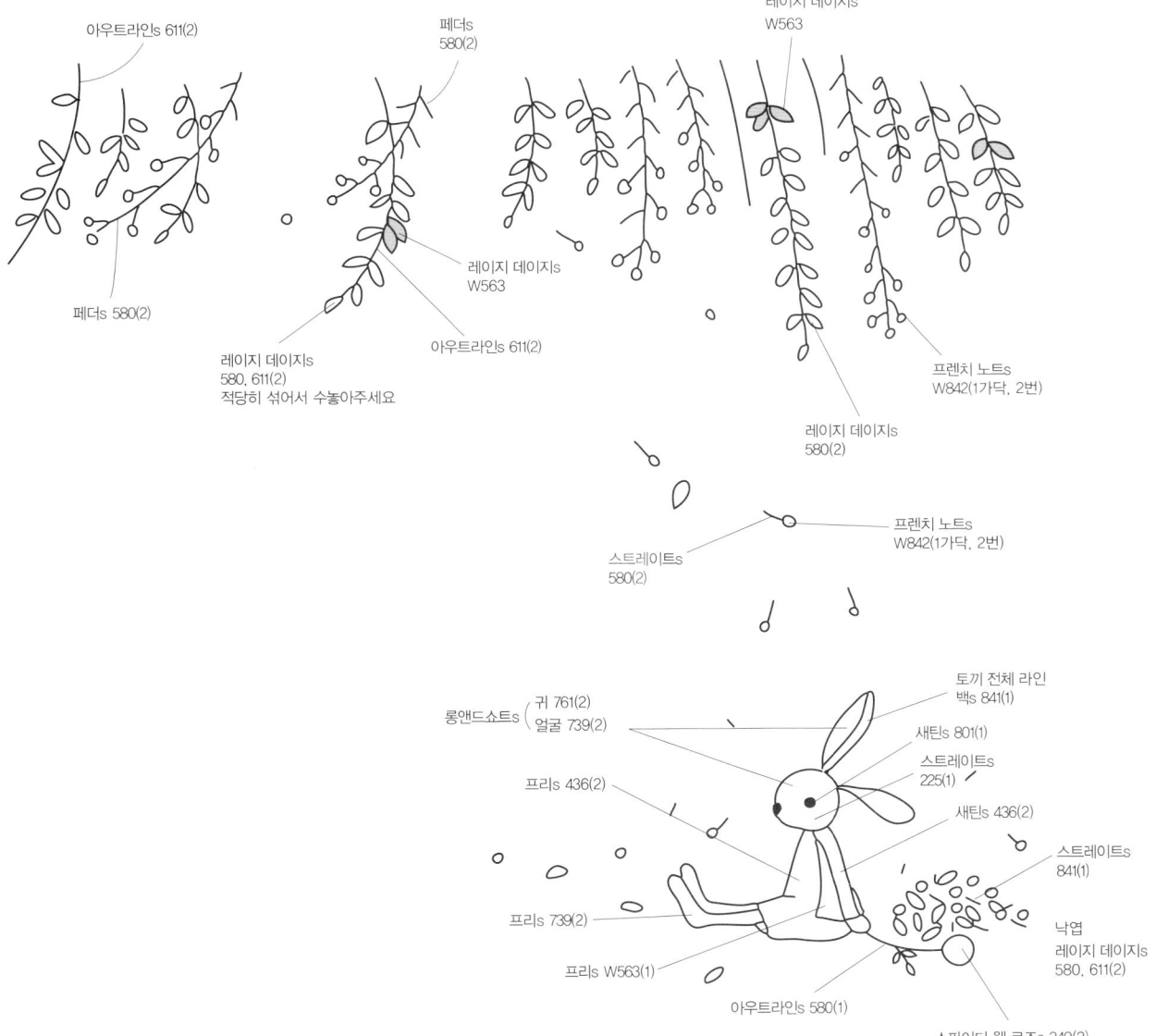

아우트라인s 611(2)

페더s 580(2)

페더s
580(2)

레이지 데이지s
W563

레이지 데이지s
W563

아우트라인s 611(2)

레이지 데이지s
580, 611(2)
적당히 섞어서 수놓아주세요

레이지 데이지s
580(2)

프렌치 노트s
W842(1가닥, 2번)

프렌치 노트s
W842(1가닥, 2번)

스트레이트s
580(2)

토끼 전체 라인
백s 841(1)

롱앤드소트s (귀 761(2)
얼굴 739(2)

새틴s 801(1)

스트레이트s
225(1)

프리s 436(2)

새틴s 436(2)

스트레이트s
841(1)

낙엽
레이지 데이지s
580, 611(2)

프리s 739(2)

프리s W563(1)

아우트라인s 580(1)

스파이더 웹 로즈s 349(2)

완성 사이즈

17cm×23cm

준비물

화이트 리넨, 스트라이프 면, 끈

준비하기

1cm 시접을 포함한 사이즈입니다.

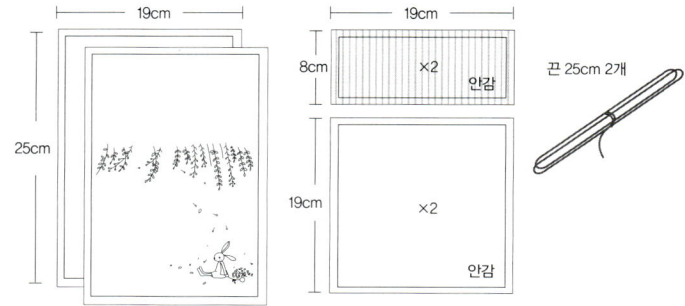

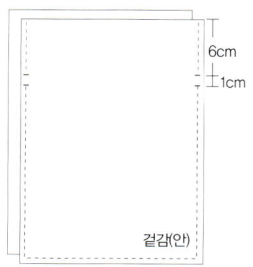

01   겉감의 겉끼리 맞대고 끈 넣을 구멍을
제외한 3면을 박음질합니다.

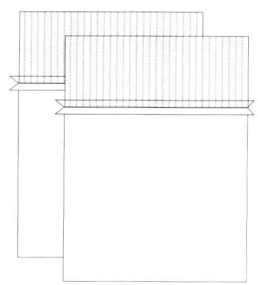

02   두 개의 천을 이어줍니다.

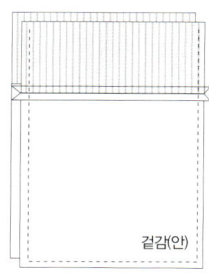

03   안감의 겉끼리 맞대고 박음질해줍니다.
겉감도 겉끼리 맞대고 박음질해줍니다.

Pouch

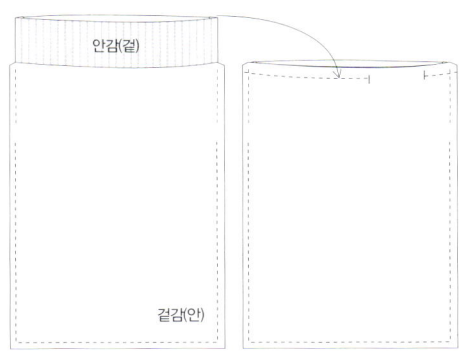

04 겉감 안에 안감을 끼워 넣은 후 창구멍을 제외하고
윗면을 박음질해줍니다.

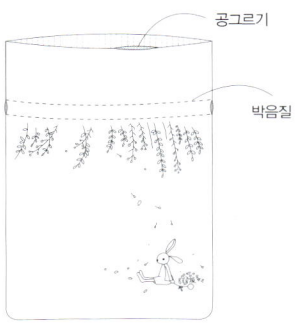

05 창구멍을 공그르기하고 끈이 들어갈 곳에
박음질해줍니다.

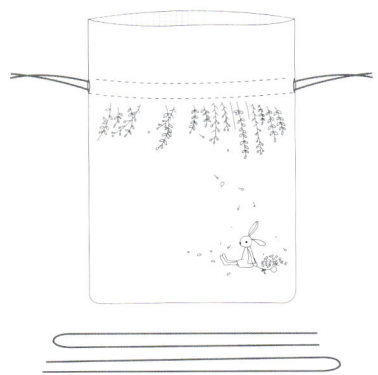

06 끈을 ㄷ자로 양방향으로 넣어 양끝을 묶습니다.

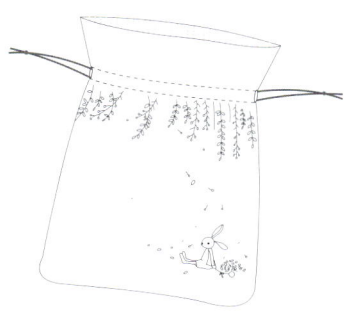

07 완성

들꽃 클러치

클러치

패션의 완성은 가방이나 신발이라죠.

그런 의미에서 저는 패션테러리스트랍니다.

패션에 큰 관심도 없고,

더군다나 가방이나 신발을 잘 조합해서 신는 일은 거의 없거든요.

그래서 때때로 외출할 때 의기소침해지곤 해요.

하지만 내가 직접 만든 들꽃 클러치를 들고 나가는 날에는 어깨가 잔뜩 펴진답니다.

정성이 가득 느껴져 손으로 만져지는 느낌이 그윽하고 포근하게 느껴져요.

그 어느 브랜드의 클러치보다 고급스럽고 위풍당당한

나만의 클러치를 만들어보세요.

사용한 실
애플톤사 W303, W353, W354, W562, W842, W992
베리에이션사 B4066

사용한 스티치
밀플라워 스티치, 레이지 데이지 스티치, 새틴 스티치, 아우트라인 스티치, 프렌치 노트 스티치,
플랫 스티치

· 1:1 도안입니다.

Clutch bag
도안

밀 플라워s
W562(2)

프렌치 노트s
W303(2가닥 3번)

새틴s
W842(2)

레이지 데이지s
W992(2)

플랫s
W354(2)

플랫s
W353(2)

아우트라인s
B4066(3)

완성 사이즈   24×15cm

준비물   패브릭, 접착심지, 끈

준비하기   1cm 시접을 포함한 사이즈입니다.

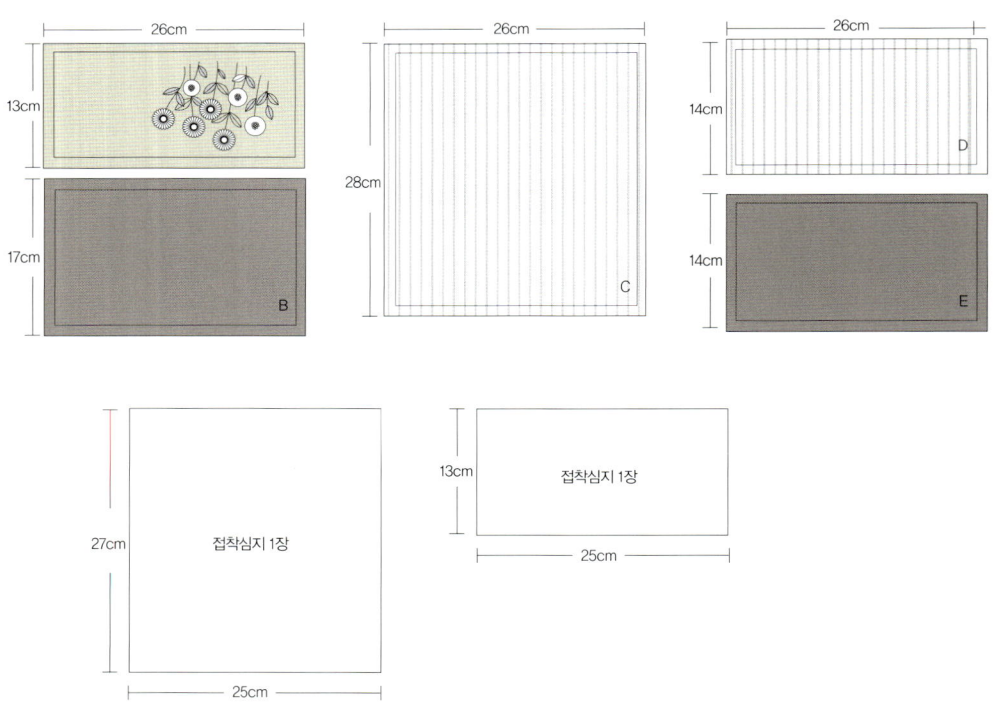

Clutch bag

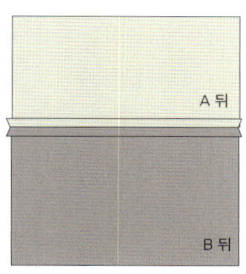

01   A와 B를 박음질합니다.

02   C와 접착심지를 다리미로 눌러 붙입니다.

03   D와 E를 박음질한 후 접착심지를 붙입니다.

04   반으로 접어 다립니다.

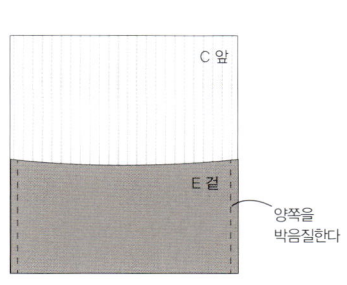

05   C의 겉면 아래쪽에 (4)을 붙입니다.

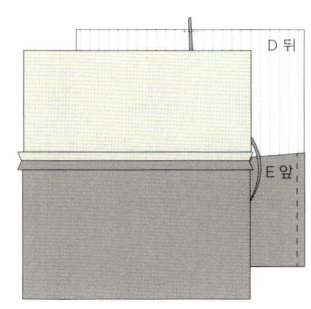

06   끈이 들어갈 자리를 미리 박아주고, 01의 겉과 05 겉을 맞댑니다.

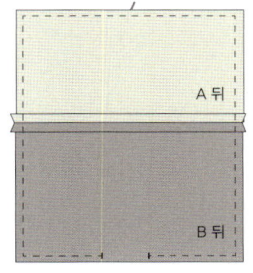

07   두 장을 맞대어 창구멍을 제외하고 박음질해줍니다.

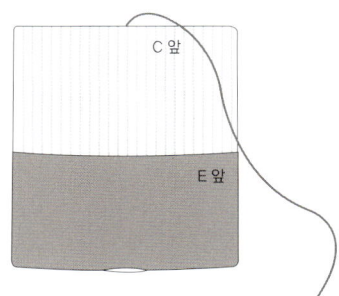

08   뒤집어서 창구멍을 공그르기 해줍니다.

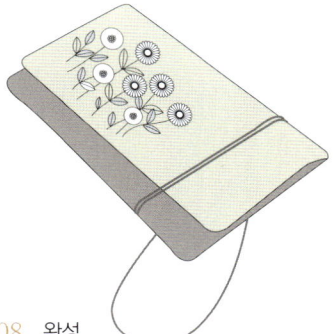

08   완성

Passport

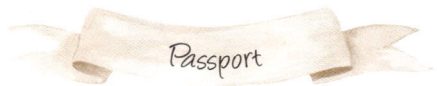

여행을 떠나요

여권 케이스

"네가 오후 네 시에 온다면 나는 세 시부터 행복해질 거야."
여우가 어린왕자에게 한 말이지요.

여행을 하는 그 순간보다 기다리는 시간의 설렘이 더 큰 즐거움을 선사합니다.
힘든 일상 속에서도 '이제 곧 떠나리라'는 마음이 커다란 위안을 안겨주지요.
저에게도 여행은 작품에 대한 영감을 주고 발전하게 합니다.
여권케이스를 만드는 동안에도 도안 속의 소녀처럼 한껏 들뜬 맘이 생기네요.
여행을 떠나요!

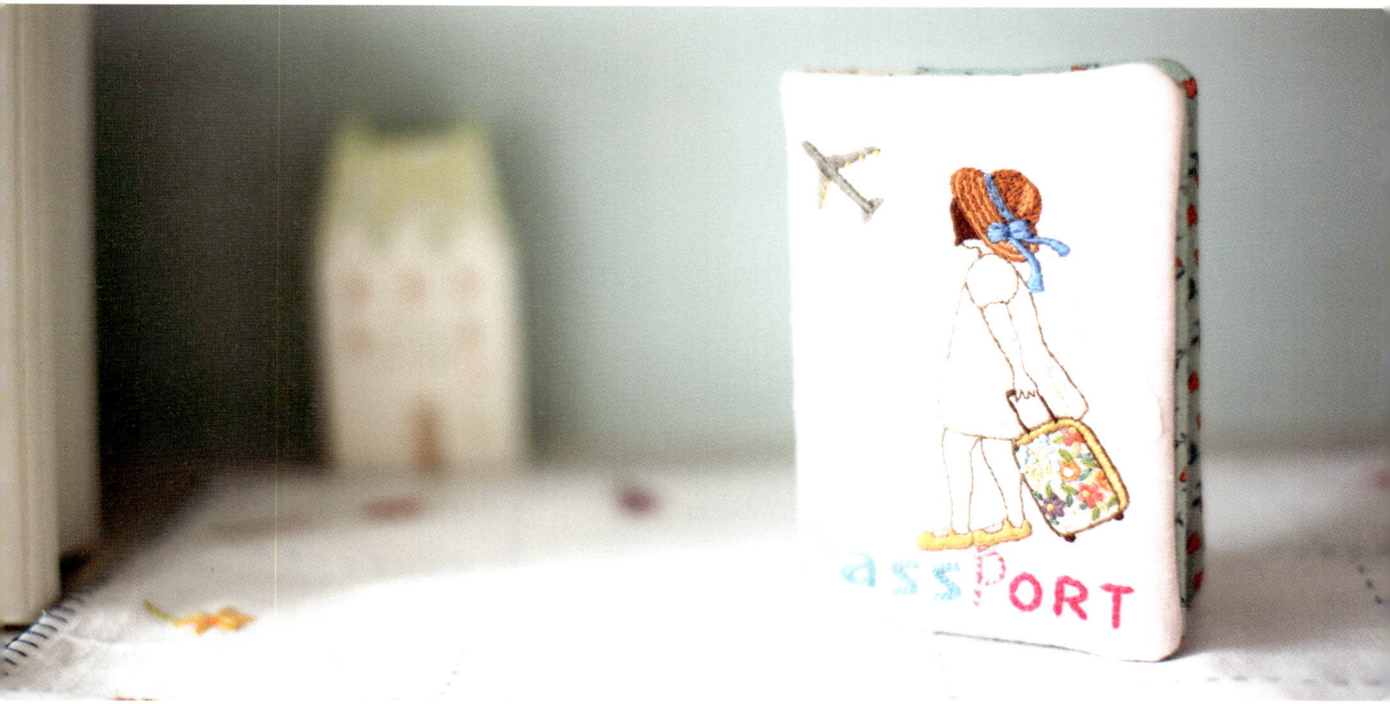

 사용한 실
면사 : White, 312, 320, 322, 434, 436, 471, 472, 597, 610, 613, 646, 712, 743, 760, 801, 827, 961, 977, 3041, 3712, 3841

사용한 스티치
러닝 스티치, 레이지 데이지 스티치, 롱앤드쇼트 스티치, 백 스티치, 서클 버튼홀 스티치, 새틴 스티치, 아웃라인 스티치, 체인 스티치, 프렌치 노트 스티치, 휘프트 체인 스티치

사용한 패브릭
인디핑크 리넨

• 1:1 도안입니다.

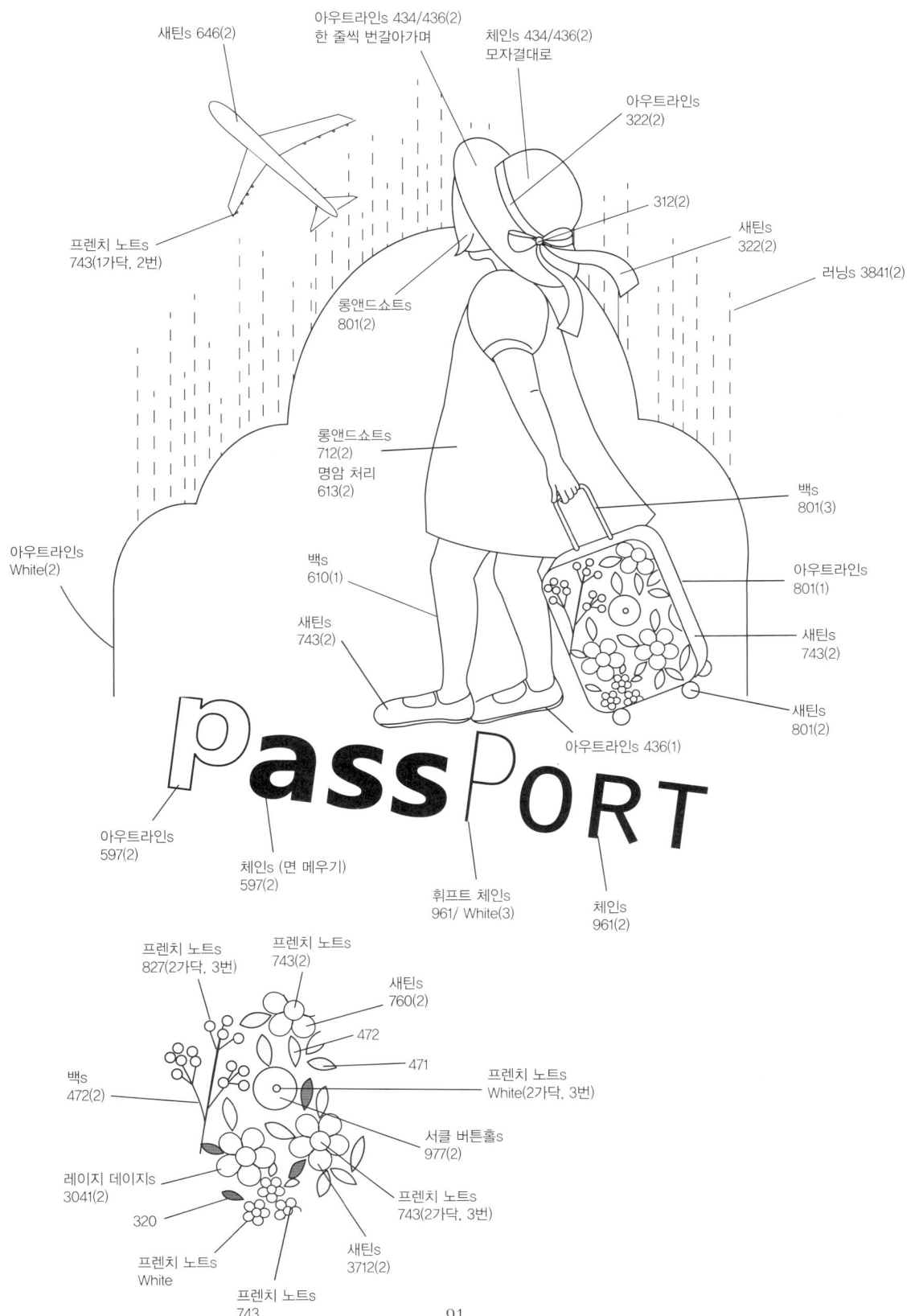

새틴s 646(2)

아우트라인s 434/436(2)
한 줄씩 번갈아가며

체인s 434/436(2)
모자결대로

아우트라인s
322(2)

312(2)

새틴s
322(2)

러닝s 3841(2)

프렌치 노트s
743(1가닥, 2번)

롱앤드쇼트s
801(2)

아우트라인s
White(2)

롱앤드쇼트s
712(2)
명암 처리
613(2)

백s
801(3)

아우트라인s
801(1)

새틴s
743(2)

새틴s
801(2)

백s
610(1)

새틴s
743(2)

아우트라인s 436(1)

아우트라인s
597(2)

체인s (면 메우기)
597(2)

휘프트 체인s
961/ White(3)

체인s
961(2)

프렌치 노트s
827(2가닥, 3번)

프렌치 노트s
743(2)

새틴s
760(2)

472

471

백s
472(2)

프렌치 노트s
White(2가닥, 3번)

서클 버튼홀s
977(2)

레이지 데이지s
3041(2)

320

프렌치 노트s
743(2가닥, 3번)

프렌치 노트s
White

새틴s
3712(2)

프렌치 노트s
743

완성 사이즈	24×15cm
준비물	패브릭, 접착심지, 끈
준비하기	1cm 시접을 포함한 사이즈입니다.

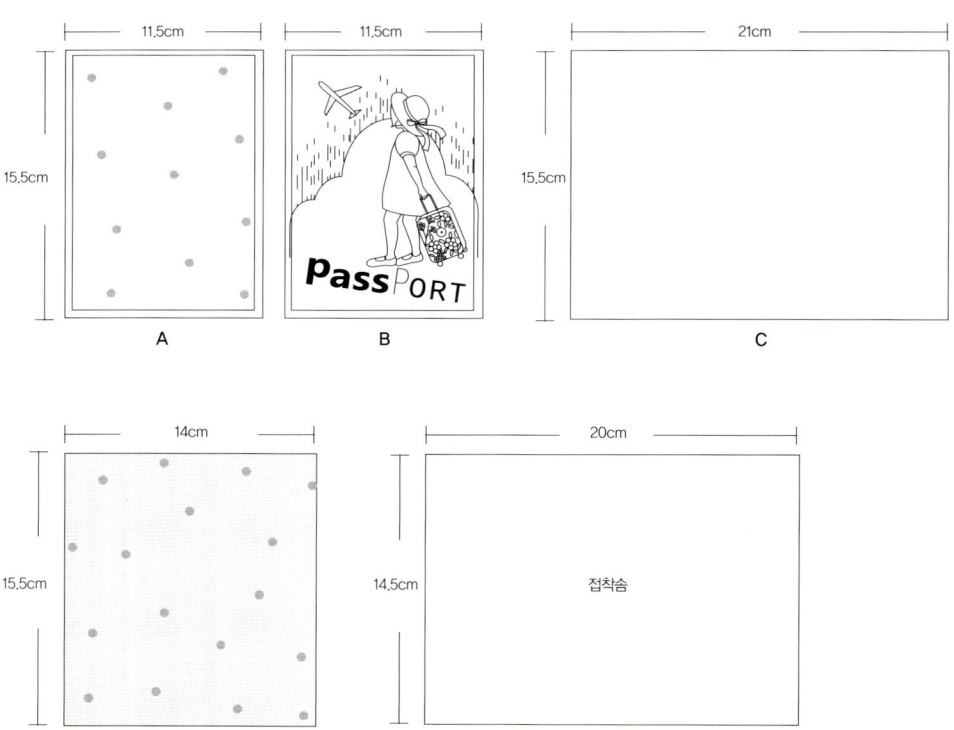

A   11,5cm / 15,5cm

B   11,5cm / passPORT

C   21cm / 15,5cm

14cm / 15,5cm

20cm / 14,5cm / 접착솜

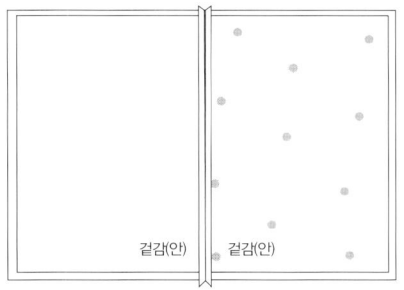

01 A와 B를 겉과 겉끼리 맞대어 박음질로 이어 붙입니다.

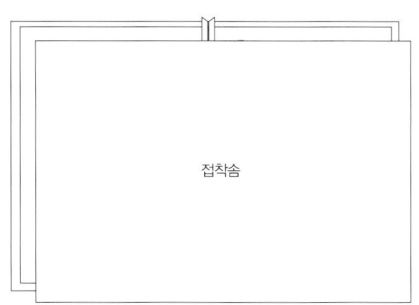

02 1의 뒤쪽에 접착솜을 다리미로 눌러 붙여줍니다.

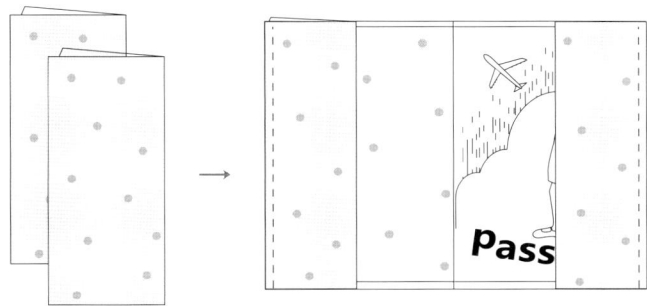

03 D를 반으로 접어 겉감의 겉 양쪽 끝에 올려 박음질합니다.

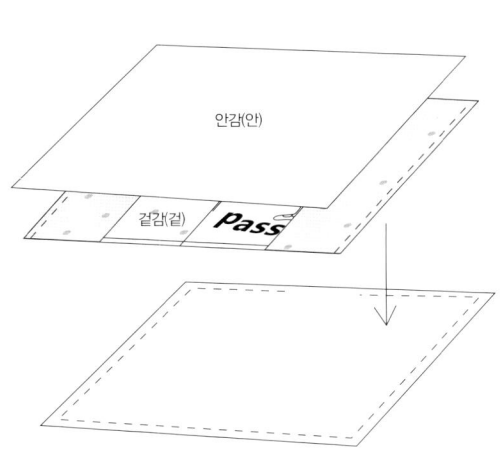

04 안감과 겉감의 겉끼리 마주보게 하여 창구멍을 남기고 박음질해줍니다.

05 뒤집어서 창구멍을 공그르기로 마감합니다.

06 완성

토끼 패브릭 바구니

패브릭 바구니

무얼 먹을까, 대체 반찬을 할 게 없네.

어릴 적 늘 듣던 엄마의 푸념이었습니다.

세상에 반찬이 얼마나 많은데, 왜 반찬이 없다 그러지?

매일 똑같은 것만 먹는 것 같았죠.

그러나 내가 엄마가 되고 보니 똑같은 푸념을 하게 되네요.

대체 반찬을 할 게 없어, 시장을 가고 살 것도 없고.

어디 반찬뿐이겠어요.

돌고 도는 우리 삶의 이야기이죠.

나이가 들면서 어른들의 말씀은 하나도 허투루 들을 게 없다는 점을 깨달아갑니다.

겪어온 삶의 지혜를 조금씩 존중하며 담아가는 것,

어른이 되어가는 과정이겠지요.

무엇이든 담아내면 포근히 품어줄 것만 같은 패브릭 바구니를 만들어보세요.

여러 가지 사이즈로 만들면 예쁜 보관함으로 사용할 수 있어요!

 사용한 실
White, 301, 349, 350, 433, 434, 436, 470, 535, 580, 597, 646, 729, 739, 746, 758, 801, 920, 921, 922, 987, 3778

사용한 스티치
롱앤드쇼트 스티치, 바스켓 스티치, 백 스티치, 새틴 스티치, 스트레이트 스티치, 아웃라인 스티치, 체인 스티치, 크로스 스티치, 프리 스티치, 프렌치 노트 스티치, 플라이 스티치, 휘프트 백 스티치

• 1:1 도안입니다.

Basket
도안

아우트라인s(면 메우기)
739(2)

새틴s
758(2)

스트레이트s
350(2)

아우트라인s
580(2)

아우트라인s
470(2)

체인s
580(2)

프렌치 노트s
801(3)

아우트라인s
301(1)

롱앤드쇼트s
739(3)

새틴s
758(1)

아우트라인s
301(1)

체인s
597(3)

크로스s
White(2)

아우트라인s
301(1)

롱앤드쇼트s
739(3)

새틴s
729(3)

아우트라인s
301(2)

아우트라인s 349(2)

새틴s 921(2)

스트레이트s 922(2)

플라이s 470(3)

프리s
3778(2)

스트레이트s 349(2)

새틴s 987(2)

470
(3가닥 3번)

스트레이트s 922(2)

새틴s White(2)

아우트라인s 470(3)

백s 436(2)

롱앤드쇼트s
729(3)

새틴s
350(3)

새틴s 921(2)

바스켓 434/436(3)

535(3)

백s 535(1)

휘프트 백s 434/436(2)

새틴s White(2)

아우트라인s 739(2)

535(3)

987(2)

롱앤드쇼트s
922(2)

새틴s
535/646(2)

새틴s
746(3)

아우트라인s 920(1)

새틴s
350(2)

새틴s 433(2)

99

How to Make

| 준비물 | 화이트 리넨, 끈 |
| 준비하기 | 1cm 시접을 포함한 사이즈입니다. |

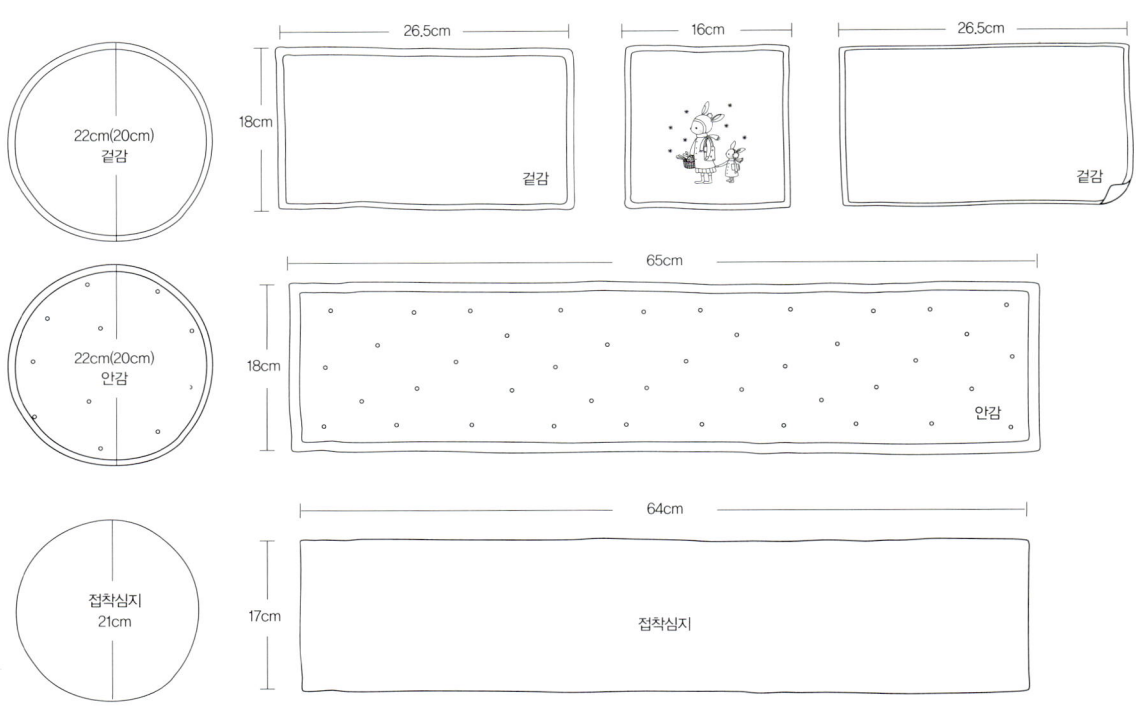

22cm(20cm) 겉감

26.5cm
18cm
겉감

16cm
겉감

26.5cm
겉감

22cm(20cm) 안감

65cm
18cm
안감

접착심지 21cm

64cm
17cm
접착심지

Basket

안감(뒤)

01 안감에 접착심지를 다리미로 눌러 붙입니다.

상침

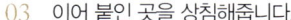

02 겉감 3장을 이어 붙입니다.

03 이어 붙인 곳을 상침해줍니다.

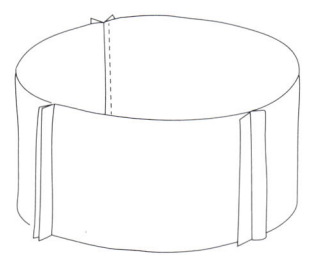

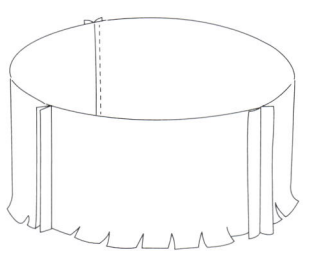

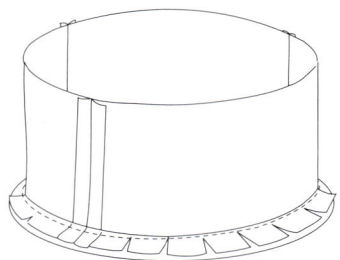

04 끝과 끝을 이어 동그랗게 붙입니다.

05 밑에 7mm 정도 가위집을
내줍니다.

06 밑판에 시접 1cm를 주고 박아줍니다.

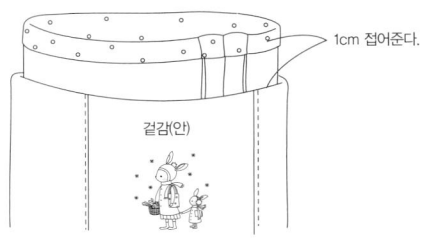

1cm 접어준다.

겉감(안)

07   뒤집어줍니다.

08   안감도 4~6번까지 동일하게
만들어 겉감 안쪽에 넣어줍니다.

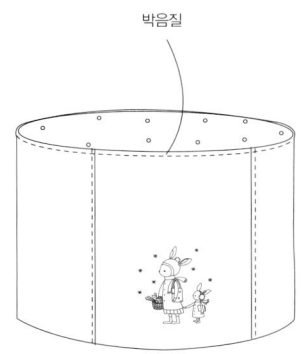

박음질

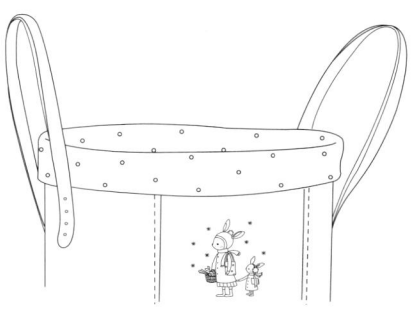

09   안감과 겉감을 같이 박음질해줍니다.

10   위쪽을 4~5cm가량 접은 뒤, 가죽핸들을
달아줍니다.

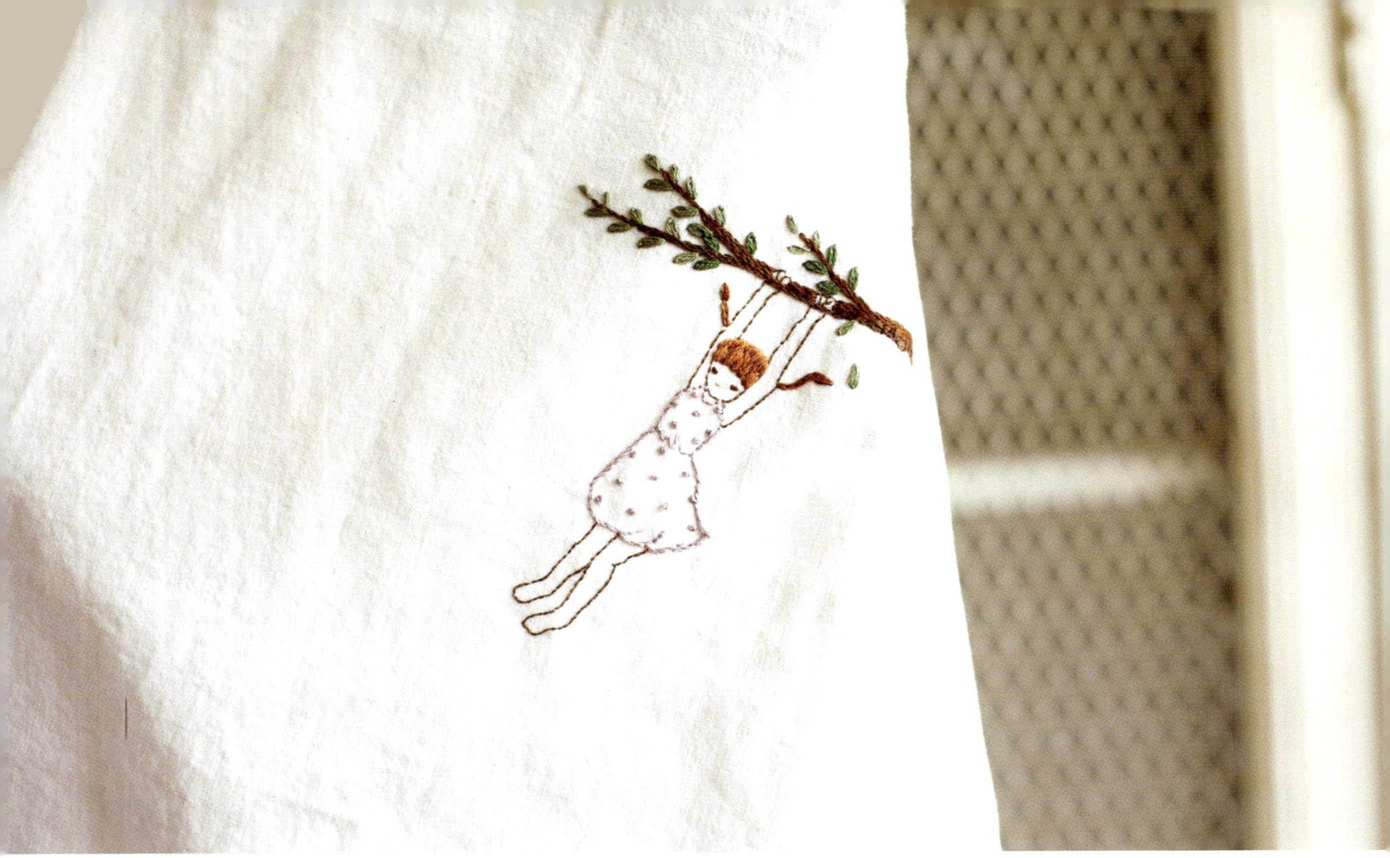

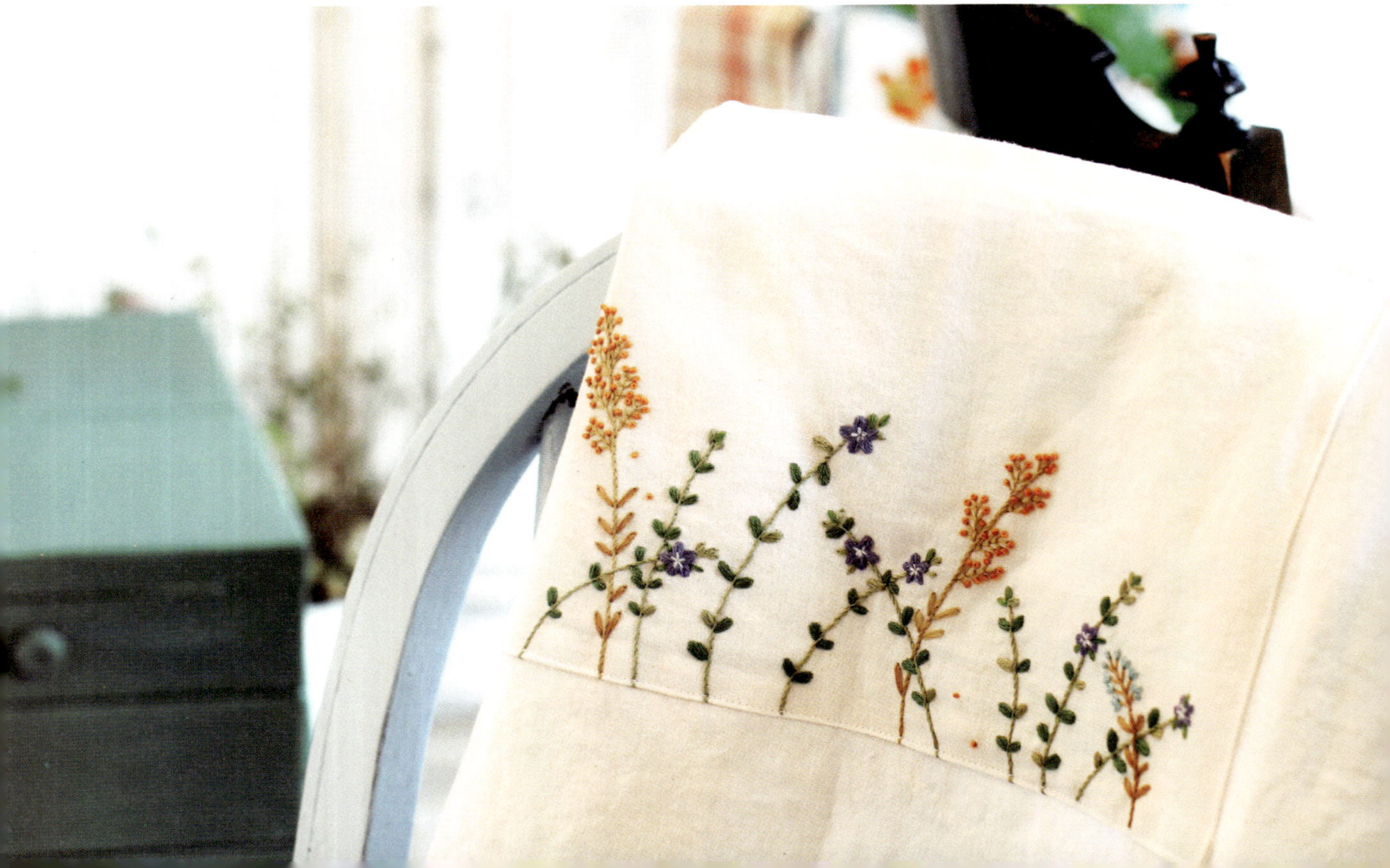

꽃밭으로 폴짝

앞치마

뜨거웠던 여름, 시원한 계곡에서 아이들과 타잔놀이를 했던 그날을 생생히 기억합니다.
엄마, 아빠를 믿기에 안심하고 나뭇가지를 잡아 점프하기를 겁내지 않았던 아이들.
이젠 손으로, 몸으로 잡으려 하진 않지만, 마음으로 엄마, 아빠를 믿는 큰 아이들로
성장을 했답니다. 소중하고 아름다웠던 시간들이죠.
이젠 너무 커버려 점점 나의 품에서 멀어져가는 것만 같아 아쉽고 슬프기도 하지만,
"너희들을 믿고, 너희들의 미래를 기대해.
세상을 향하여 너희의 힘으로 힘껏 점프 해보렴!"

 사용한 실
White, 320, 372, 433, 436, 523, 598, 612, 783, 793, 801, 839, 840, 989, 3042, 3052, 3346

사용한 스티치
그라니토스 스티치, 레이지 데이지 스티치, 롱앤드쇼트 스티치, 백 스티치, 블리온 스티치, 새틴 스티치, 스트레이트 스티치, 아우트라인 스티치, 체인 스티치, 프렌치 노트 스티치, 플라이 스티치

사용한 패브릭
화이트 워싱 리넨

Apron
도안

실제 크기 : 세로 기준 10.6cm

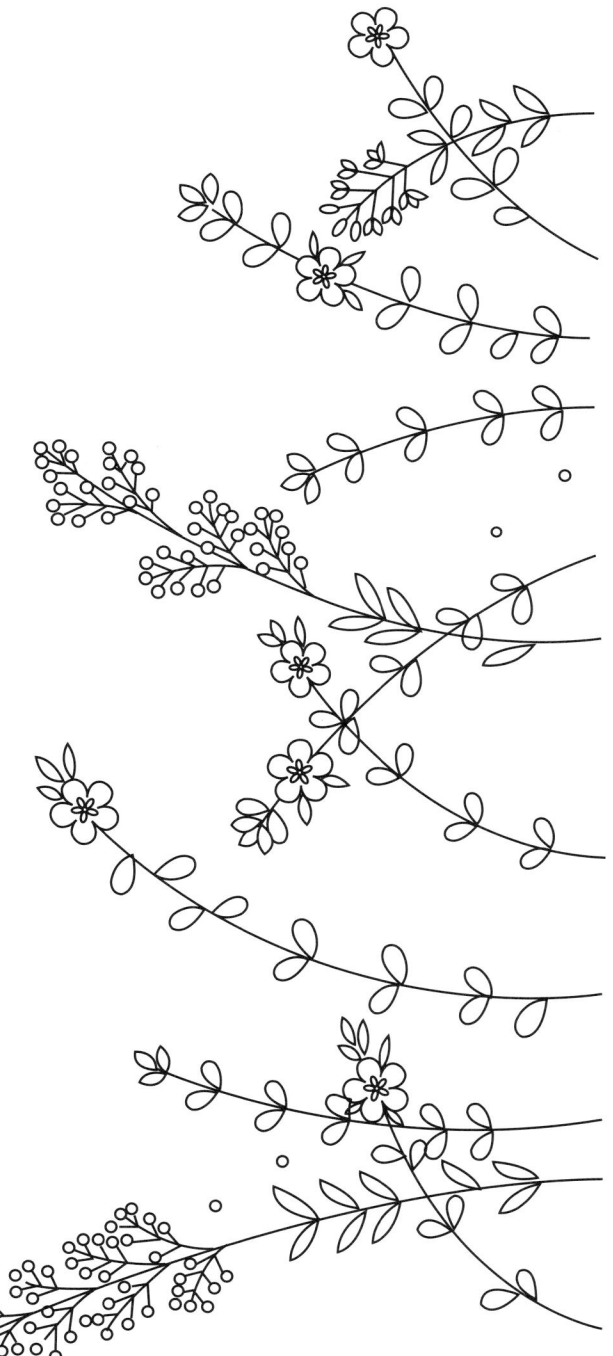

실제 크기 : 가로 기준 21cm

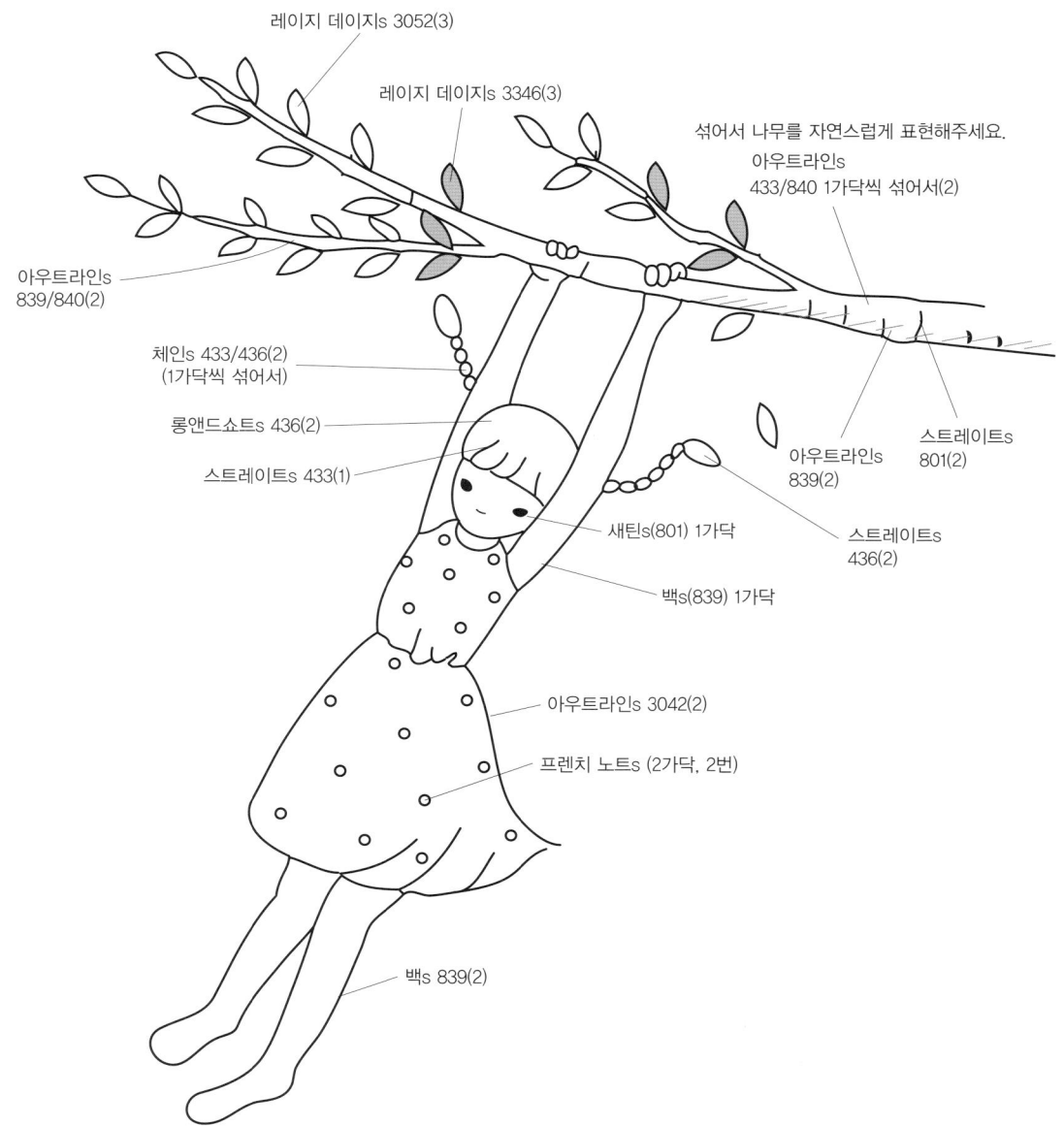

레이지 데이지s 3052(3)

레이지 데이지s 3346(3)

섞어서 나무를 자연스럽게 표현해주세요.
아우트라인s
433/840 1가닥씩 섞어서(2)

아우트라인s
839/840(2)

체인s 433/436(2)
(1가닥씩 섞어서)

롱앤드쇼트s 436(2)

스트레이트s 433(1)

새틴s(801) 1가닥

백s(839) 1가닥

아우트라인s
839(2)

스트레이트s
801(2)

스트레이트s
436(2)

아우트라인s 3042(2)

프렌치 노트s (2가닥, 2번)

백s 839(2)

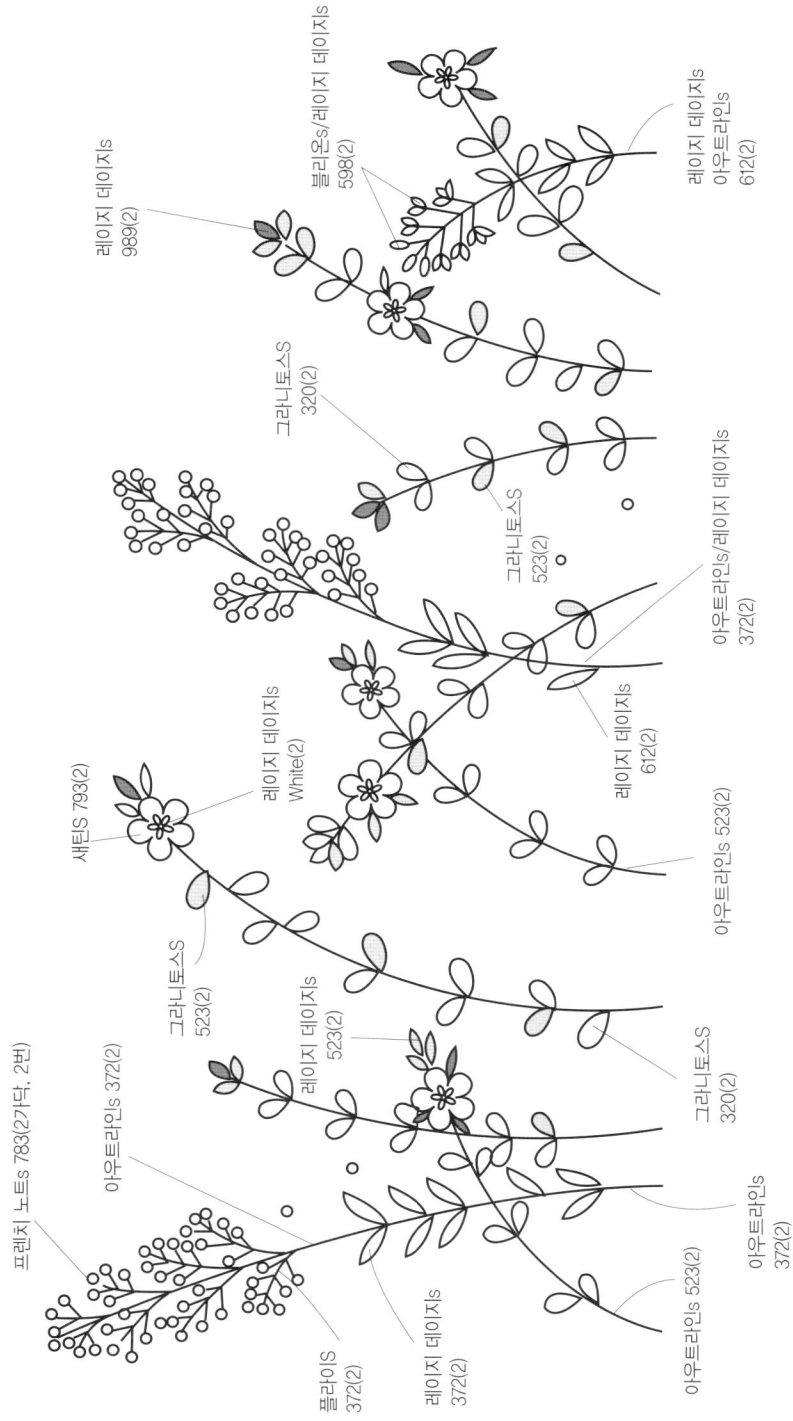

블리온s/레이지 데이지s
598(2)

레이지 데이지s
989(2)

레이지 데이지s
아우트라인s
612(2)

그라니토스S
320(2)

그라니토스S
523(2)

아우트라인s/레이지 데이지s
372(2)

레이지 데이지s
612(2)

아우트라인s 523(2)

새틴S 793(2)

레이지 데이지s
White(2)

그라니토스S
523(2)

레이지 데이지s
523(2)

아우트라인 372(2)

프렌치 노트s 783(2기단, 2번)

그라니토스S
320(2)

블라이S
372(2)

레이지 데이지s
372(2)

아우트라인s 523(2)

아우트라인
372(2)

111

메종 드 루시

매트

Beau Voyage.

프랑스말로, 처음 이 작품의 제목은 '아름다운 여행'이었어요.

꽤 많은 시간을 일만 하며 지쳐 있는 나에게 주는 선물 같은 그림이죠.

아무 일도 하지 않고 조용한 시골마을에서 자연을 벗삼아 힐링하고 싶은

나의 욕망을 담은 작품이었죠.

그런데 내 작품을 보신 지인께서, 자신을 보는 것 같다는 말씀을 하시면서

제목을 '메종 드 루시'라고 붙여주셨어요.

그도 그럴것이 그분의 집은 예쁜 꽃들이 만발한 전원주택이고,

그분은 사진 속 아이와도 많이 닮아 있답니다.

나보다 더 많이 지쳐 보이시지만 늘 열심히 삶을 일궈내시고,

정원에 꽃을 가득 심어 힐링을 하시며 마음속의 아름다운 여행을 하고 계시는 아름다운 분.

그 분을 위해 제목을 바꾸었어요.

메종 드 루시(루시의 집)!

 사용한 실
White, 372, 402, 433, 434, 435, 471, 472, 519, 522, 580, 611, 734, 742, 743, 744, 745, 778, 780, 794, 827, 840, 922, 989, 3041, 3042, 3052, 3346, 3347, 3712

사용한 스티치
러닝 스티치, 레이지 데이지 스티치, 롱앤드쇼트 스티치, 백 스티치, 블리온 스티치, 새틴 스티치, 스미르나 스티치, 스트레이트 스티치, 아우트라인 스티치, 체인 스티치, 카우칭 스티치, 플라이 스티치, 프렌치 노트 스티치

Bon Voyage

Beau Voyage

플라이s
402(2)

새틴s
433(2)

백s
611(1)

3346(3)

블리온s
372(3)

스미르나s
472(3)

스미르나s
471(3)

스미르나s
3347(3)

백s 611(1)

아우트라인s
434(2)

러닝 780(2)

새틴s
827(2)

새틴s
794(2)

새틴s
White(2)

카우칭s
780(2)

아우트라인s
White(2)

머리는 바깥 라인은 아우트라인s(2)
머리결은 433(1), 780(1)을 한가닥씩
섞어서 롱앤드쇼트s
하일라이트는 스트레이트s 435(2)

White, 744, 3041, 3042
프렌치노트s(2가닥, 2번)

플라이s
3346(2)

체인s
433,780(1가닥씩 2가닥으로)

3712

402

카우칭s
780(2)

백s 780(2)

새틴s
742(2)

프렌치 노트s
White(2가닥, 2번)

922/402

플라이s
372(2)

611(1)

블리온s
3042(2)

레이지 데이지s
White(2)

블리온s
3042(2)

3347(2)

플라이s
522(2)

블리온s
3041(2)

471(2)

롱앤드쇼트s
위 744(2)
아래 745(2)

아우트라인s
522(2)

743(2)

922(1)

522(2)

레이지 데이지s
3052(2)

백s
580(2)

플라이s
White(2)

새틴s
840(2)

백s
611(1)

580(2)

백s 471(2)
레이지 데이지s 471(2)

백s
840(1)

Bon Voyage

백s
519(2)

백s
780(2)

새틴s 3712(2)

778(2)

989(2)

519(2)

742(2)

922(2)

734(2)

117

소풍가는 날

손수건

햇살 좋은 봄날, 혹은 하늘 높은 가을날!

소풍 가기 전날이면 일기예보를 확인하며 설레어 잠도 오지 않았죠.

가방 속에 김밥 하나, 음료수 하나, 과자 하나, 초콜릿 하나, 껌 하나 그리고 돗자리 하나.

공식처럼 이렇게 채워 넣으면 세상을 얻은 듯 든든했지요.

날마다 소풍이면 좋으련만, 일상이 있기에 더욱 설레고 기대가 되는 소풍.

인생은 아름다운 소풍이라고 말한 시인의 말처럼

하루가 아닌, 일상이 소풍이 되는 즐거운 날이 되기를 바랍니다.

 사용한 실
White, 225, 301, 371, 433, 434, 436, 469, 580, 646, 648, 725, 729, 743, 783, 972, 3031, 3052, 3841

사용한 스티치
레이지 데이지 스티치, 롱앤드쇼트 스티치, 바스켓 스티치, 백 스티치, 새틴 스티치, 스트레이트 스티치, 아우트라인 스티치, 체인 스티치, 프렌치 노트 스티치, 플라이 스티치, 플랫 스티치, 휘프트 체인 스티치

실제 사이즈 20cm
80%

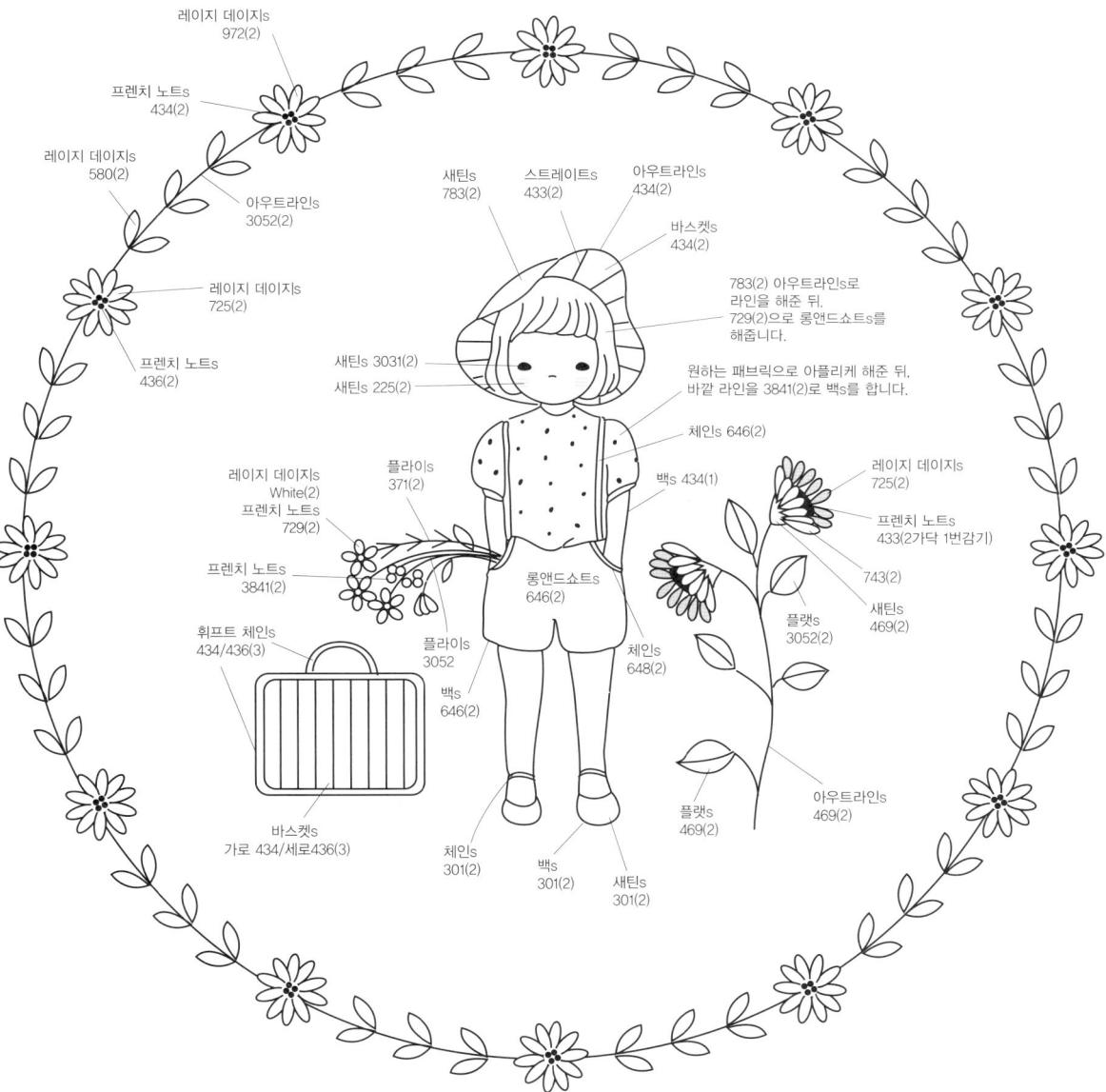

레이지 데이지s
972(2)

프렌치 노트s
434(2)

레이지 데이지s
580(2)

아우트라인s
3052(2)

레이지 데이지s
725(2)

프렌치 노트s
436(2)

새틴s
783(2)

스트레이트s
433(2)

아우트라인s
434(2)

바스켓s
434(2)

783(2) 아우트라인s로
라인을 해준 뒤,
729(2)으로 롱앤드쇼트s를
해줍니다.

원하는 패브릭으로 아플리케 해준 뒤,
바깥 라인을 3841(2)로 백s를 합니다.

새틴s 3031(2)
새틴s 225(2)

체인 646(2)

백 434(1)

레이지 데이지s
725(2)

프렌치 노트s
433(2가닥 1번감기)

743(2)

새틴s
469(2)

레이지 데이지s
White(2)
프렌치 노트s
729(2)

프렌치 노트s
3841(2)

플라이s
371(2)

롱앤드쇼트s
646(2)

체인s
648(2)

플랫
3052(2)

휘프트 체인s
434/436(3)

플라이s
3052

백s
646(2)

바스켓s
가로 434/세로436(3)

체인s
301(2)

백s
301(2)

새틴s
301(2)

플랫s
469(2)

아우트라인s
469(2)

How to Embroidery

| 아플리케 | 바탕천에 모양 천을 덧대어 붙이는 기법 |

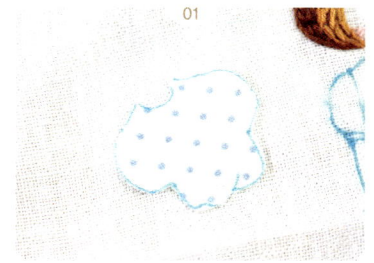

원하는 패브릭을 모양대로 오려줍니다.

딱풀로 도안의 자리에 살짝 붙여주고 버튼홀 스티치를 해줍니다. 공그르기로 해주어도 됩니다.

외곽에 3841(2가닥)으로 백 스티치를 해줍니다.

꽃 그네

아기가 새근새근 잠이 든다.

바람이 살랑살랑 불어온다.

커피향이 그윽하게 온 방에 퍼진다.

싱그러운 창가에서 햇살이 비춰온다.

바람에 간간히 책장이 넘어가는 소리.

부드러운 피아노 연주소리.

숨을 크게 들이마시고 살포시 미소를 짓는다.

오롯이 혼자였다면 자유로 느껴지지 않은 시간과 공간이

새근새근 아이의 낮잠으로 인해

세상에서 가장 안락한 엄마의 휴식이 된다.

어지러운 마음이 조금씩 맑아진다.

눈을 감으면 꽃 그네에 앉은 듯 두둥실……

–앙드레 가뇽의 'prologue'를 들으며

2008년 9월 23일 〈케이블루의 일기〉 중에서

127

사용한 실
White, 224, 322, 350, 372, 434, 436, 471, 522, 535, 648, 712, 725, 734, 743, 758, 760, 778,
793, 801, 813, 826, 827, 840, 976, 3041, 3042, 3052, 3346, 3347, 3364, 3828

사용한 스티치
레이지 데이지 스티치, 레이지드 리프 스티치, 롱앤드쇼트 스티치, 블리온 스티치, 백 스티치, 새틴
스티치, 스트레이트 스티치, 스파이더 웹 로즈 스티치, 아우트라인 스티치, 체인 스티치, 카우칭 스
티치, 프렌치 노트 스티치, 프리 스티치, 플라이 스티치

• 1:1 도안입니다.

Flowers on the swing
도안

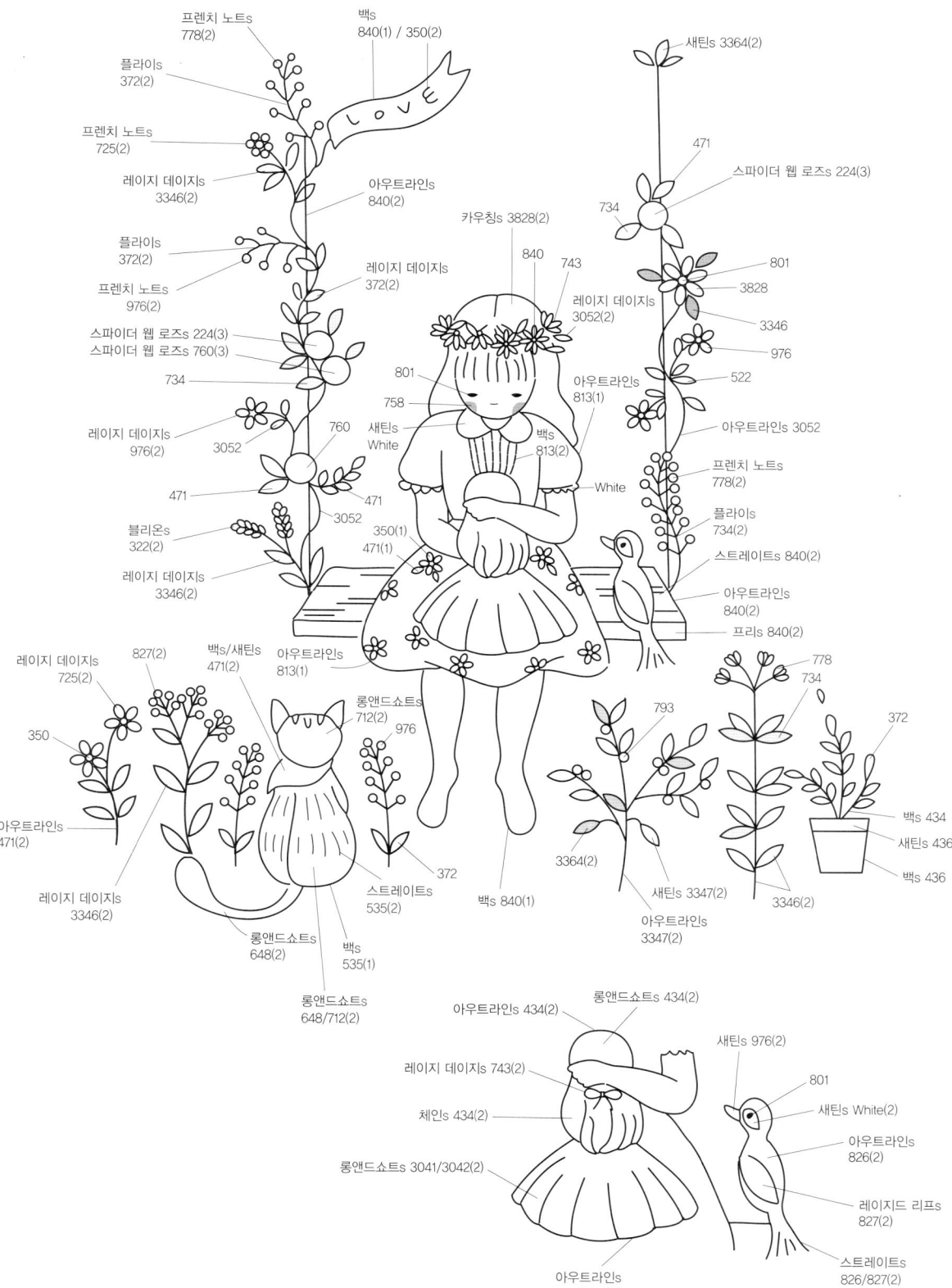

프렌치 노트s
778(2)

백s
840(1) / 350(2)

새틴s 3364(2)

플라이s
372(2)

471

스파이더 웹 로즈s 224(3)

프렌치 노트s
725(2)

734

레이지 데이지s
3346(2)

아웃라인s
840(2)

카우칭s 3828(2)

801

플라이s
372(2)

840

743

3828

프렌치 노트s
976(2)

레이지 데이지s
372(2)

레이지 데이지s
3052(2)

3346

976

스파이더 웹 로즈s 224(3)
스파이더 웹 로즈s 760(3)

801

522

734

758

아웃라인s
813(1)

아웃라인s 3052

레이지 데이지s
976(2)

760

3052

새틴s
White

백s
813(2)

프렌치 노트s
778(2)

471

471

White

플라이s
734(2)

블리온s
322(2)

3052

350(1)
471(1)

스트레이트s 840(2)

레이지 데이지s
3346(2)

아웃라인s
840(2)

프리s 840(2)

레이지 데이지s
725(2)

827(2)

백s/새틴s
471(2)

아웃라인s
813(1)

778
734

350

롱앤드쇼트s
712(2)

976

793

372

아웃라인s
471(2)

3364(2)

새틴s 3347(2)

백s 434

레이지 데이지s
3346(2)

372

새틴s 436

아웃라인s
3347(2)

백s 436

롱앤드쇼트s
648(2)

스트레이트s
535(2)

3346(2)

백s
535(1)

백s 840(1)

롱앤드쇼트s
648/712(2)

롱앤드쇼트s 434(2)

아웃라인s 434(2)

새틴s 976(2)

레이지 데이지s 743(2)

801

체인s 434(2)

새틴s White(2)

아웃라인s
826(2)

롱앤드쇼트s 3041/3042(2)

레이지드 리프s
827(2)

아웃라인s
3041(2)

스트레이트s
826/827(2)

131

페어리테일

대체 알 수 없는 게 나인 듯하다.
종잡을 수 없이 마음이 얼음장처럼 차가워졌다가
가슴이 뜨거워 눈물이 되어 흐르다가,
찢어질 듯 건조해졌다가,
노래 한 소절에, 코끝에 닿아지는 어떤 체취에
폭풍처럼 마음이 흔들어지기도 한다.

–차안에서 김광석의 '거리에서'를 들으며
2011년 3월 27일 38살의 〈케이블루의 일기〉 중에서

내가 만드는 가구, 사진, 그림 그리고 자수를 보는 사람들 대개는
딸이 있어서 그런 감성이 표현되는 것이라고 이야기합니다.
하지만 그것 때문만은 아니에요.
옆에서 보는 사람들은 무뚝뚝하고, 가끔은 터프하고,
무심한 듯 보이기까지도 하는 나의 모습에서
이런 감성이 나오는 것은 아이러니하다고 생각할 거예요.
겉으로 보이는 모습과 내면의 모습은 정말 다를 수 있습니다.
나는 설명되지 않는 이런 감성에 대해 이렇게 말하죠.
"내 마음속 깊은 곳에 동심이 있나 봐요."
하지만 나는 나에 대하여 한 가지는 확실히 안답니다.
내 마음속의 대부분은 동심이 차지하고 있는 것을요.
다른 건 몰라도 그것은 확실하죠.

사용한 실
301, 347, 349, 350, 433, 435, 469, 471, 519, 610, 734, 743, 758, 780, 921, 922, 977, 987,
3347, 3348
메탈 4024

사용한 스티치
레이지 데이지 스티치, 롱앤드쇼트 스티치, 백 스티치, 블리온 노트 스티치, 블리온 로즈 스티치, 새
틴 스티치, 스파이더 웹 로즈 스티치, 아웃라인 스티치, 와이어 스티치, 체인 스티치, 카우칭 스티
치, 캐스트 온 스티치, 페더 스티치, 프렌치 노트 스티치, 플라이 스티치, 플랫 스티치

• 1:1 도안입니다.

Fairy
Tail

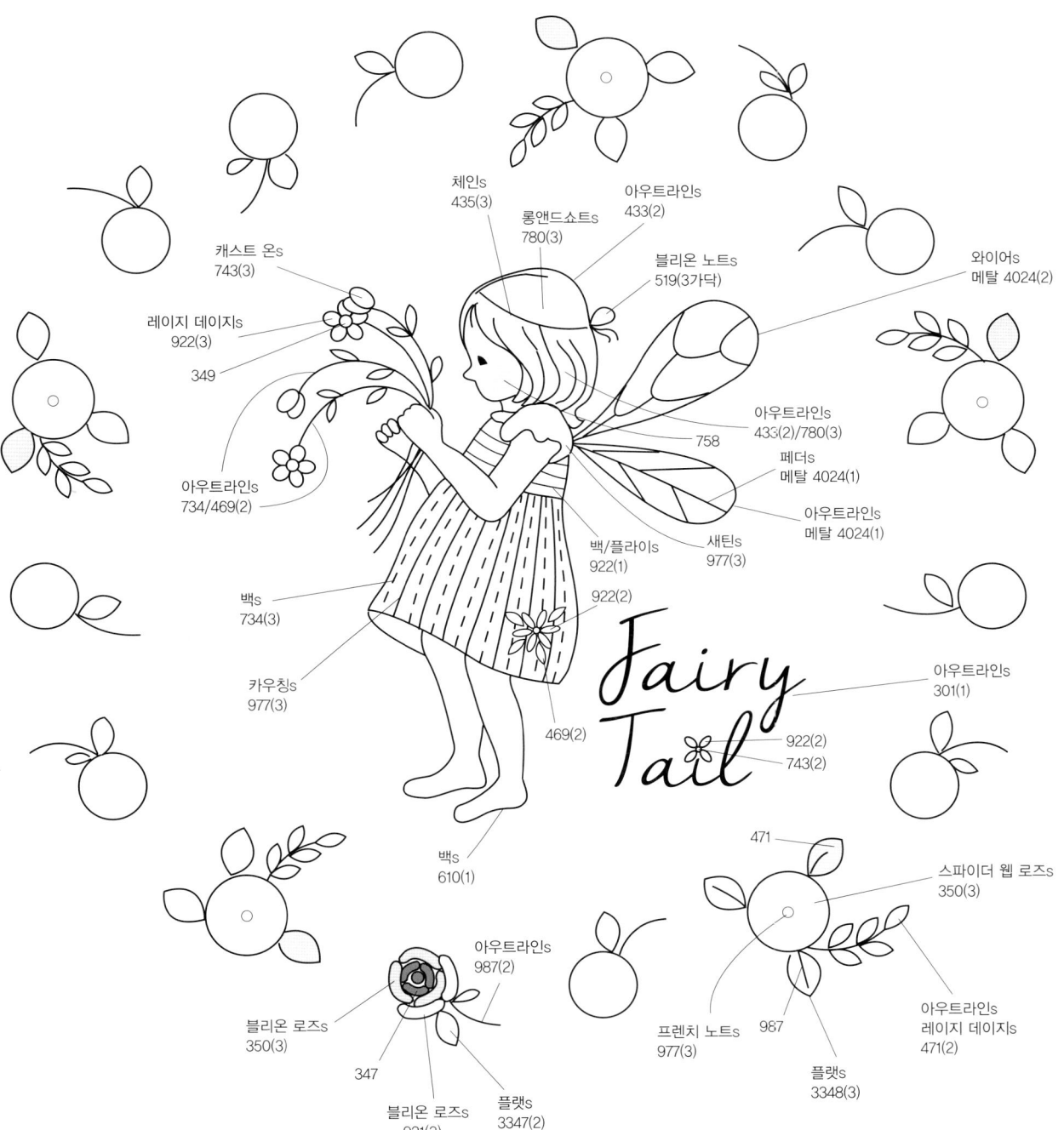

체인s
435(3)

롱앤드쇼트s
780(3)

아우트라인s
433(2)

블리온 노트s
519(3가닥)

와이어s
메탈 4024(2)

캐스트 온s
743(3)

레이지 데이지s
922(3)

349

아우트라인s
433(2)/780(3)

758

페더s
메탈 4024(1)

아우트라인s
734/469(2)

아우트라인s
메탈 4024(1)

백/플라이s
922(1)

새틴s
977(3)

백s
734(3)

922(2)

카우칭s
977(3)

469(2)

아우트라인s
301(1)

922(2)
743(2)

백s
610(1)

471

스파이더 웹 로즈s
350(3)

아우트라인s
987(2)

블리온 로즈s
350(3)

347

블리온 로즈s
921(3)

플랫s
3347(2)

프렌치 노트s
977(3)

987

아우트라인s
레이지 데이지s
471(2)

플랫s
3348(3)

Fairy Tail

날개 만들기 (와이어 스티치)

01

02

망사천을 준비하고, 와이어를 모양대로 잘
라줍니다.

끝에 고정을 해줍니다.

메탈릭사 두 가닥으로 와이어를 감싸며 버
튼홀 스티치를 해줍니다(03, 03-1).

안쪽에 한 가닥으로 페더 스티치를 해줍
니다.

실이 잘리지 않게 망사의 끝부분을 잘라줍
니다.

Fairy tail

06

완성

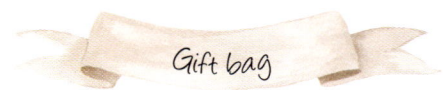

플라워 기프트백

복권을 사지 않으면 복권에 당첨될 수가 없다고 하지요.
제가 어떤 일에 도전을 할 때, 걸림돌이 있거나 힘에 붙인다 생각할 때
늘 떠올리는 말이에요.
'그래, 아무것도 하지 않는다면 아무 일도 일어나지 않을 거야.'
세상일이 내 뜻대로 되지 않는다고 해도 실망할 이유가 없어요.
그 경험은 또 다른 일을 하게 될 때
돈을 주고도 살 수 없는 귀한 자양분이 되거든요.

저는 예쁘게 정제되어 있는 꽃보다 제비꽃이나 민들레, 개망초 같은
들꽃을 더욱 좋아해요.
돌보지 않아도 콘크리트를 뚫고서라도 꽃을 피우는 놀라운 생명력 때문이죠.

꽃은 매년 봄이면 놀라움으로 다가오는 귀한 선물이죠!

사용한 실
152, 320, 322, 349, 371, 372, 402, 436, 470, 471, 472, 518, 519, 550, 580, 598, 610, 725, 729, 734, 742, 760, 920, 921, 922, 987, 989, 3041, 3042, 3052, 3346, 3347, 3348, 3364, 3608, 3712

사용한 스티치
그라니토스 스티치, 더블 레이지 데이지 스티치, 레이지 데이지 스티치, 롱앤드쇼트 스티치, 백 스티치, 블리온 스티치, 새틴 스티치, 서클 버튼홀 스티치, 스파이더 웹 로즈 스티치, 아웃트라인 스티치, 프렌치 노트 스티치, 플라이 스티치, 플랫 스티치

• 1:1 도안입니다.

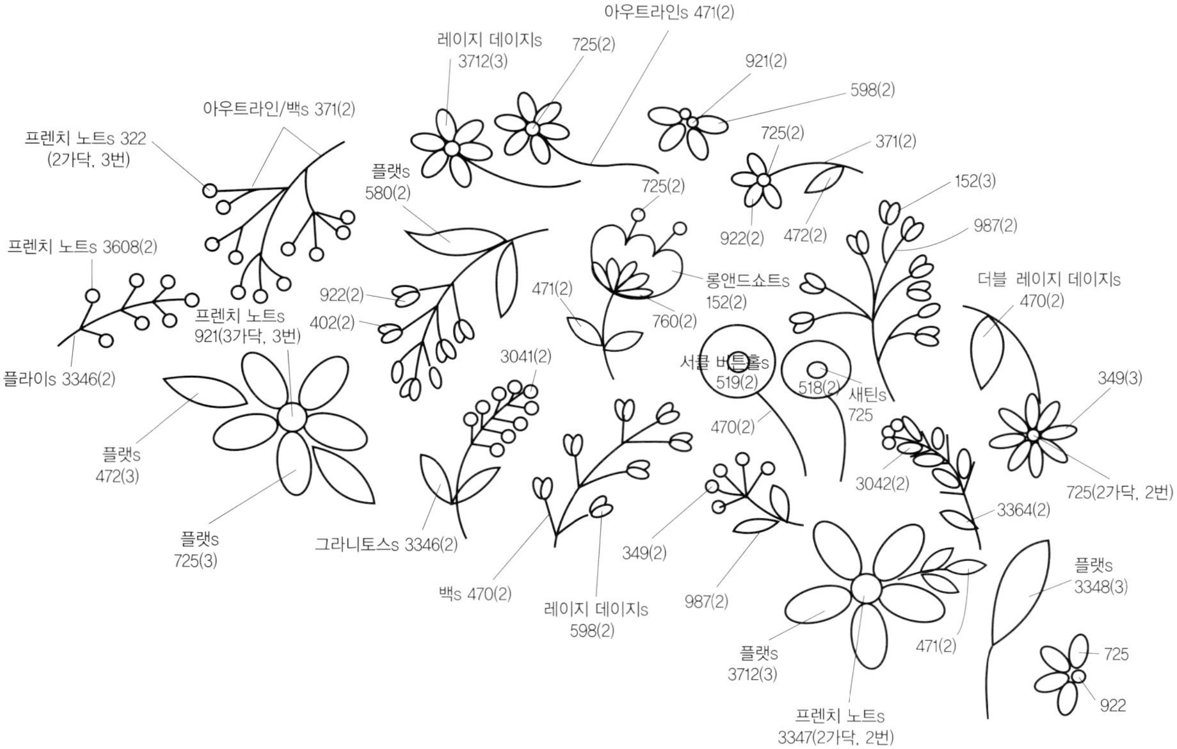

아우트라인s 471(2)

레이지 데이지s
3712(3)

725(2)

921(2)

598(2)

아우트라인/백s 371(2)

725(2)

371(2)

프렌치 노트s 322
(2가닥, 3번)

플랫s
580(2)

725(2)

152(3)

프렌치 노트s 3608(2)

922(2)

472(2)

987(2)

922(2)
402(2)

471(2)

롱앤드쇼트s
152(2)

더블 레이지 데이지s
470(2)

프렌치 노트s
921(3가닥, 3번)

3041(2)

760(2)

서클 버튼홀s
519(2)

518(2)

새틴s
725

349(3)

플라이s 3346(2)

470(2)

플랫s
472(3)

3042(2)

725(2가닥, 2번)

백s 470(2)

3364(2)

플랫s
725(3)

그라니토스s 3346(2)

349(2)

987(2)

471(2)

플랫s
3348(3)

레이지 데이지s
598(2)

플랫s
3712(3)

725

922

프렌치 노트s
3347(2가닥, 2번)

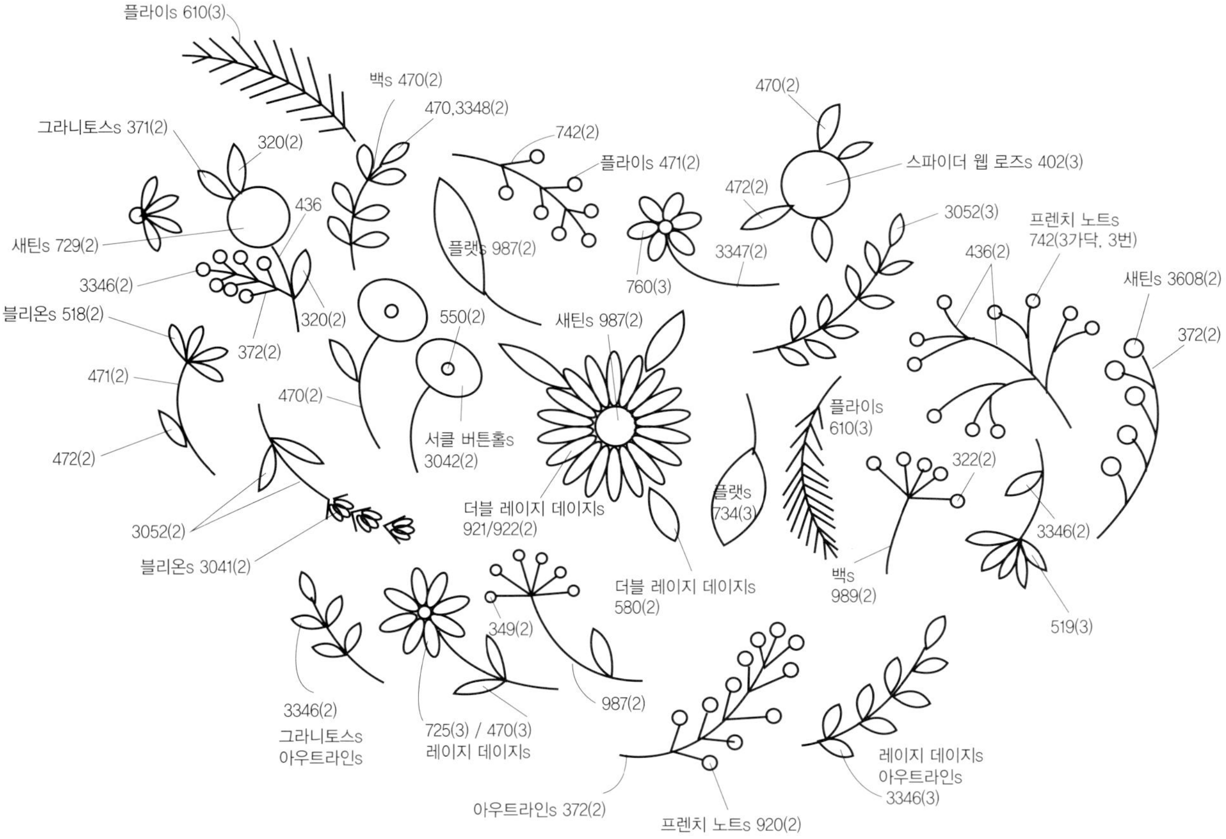

플라이s 610(3)

백s 470(2)

470,3348(2)

742(2)

470(2)

그라니토스s 371(2)

320(2)

플라이s 471(2)

스파이더 웹 로즈s 402(3)

436

472(2)

3052(3)

프렌치 노트s
742(3가닥, 3번)

새틴s 729(2)

플랫s 987(2)

760(3)

3347(2)

436(2)

새틴s 3608(2)

3346(2)

320(2)

새틴s 987(2)

372(2)

블리온s 518(2)

372(2)

550(2)

471(2)

470(2)

서클 버튼홀s
3042(2)

플라이s
610(3)

472(2)

3052(2)

더블 레이지 데이지s
921/922(2)

플랫s
734(3)

322(2)

블리온s 3041(2)

더블 레이지 데이지s
580(2)

백s
989(2)

3346(2)

519(3)

349(2)

3346(2)
그라니토스s
아우트라인s

725(3) / 470(3)
레이지 데이지s

987(2)

레이지 데이지s
아우트라인s
3346(3)

아우트라인s 372(2)

프렌치 노트s 920(2)

145

How to Make

완성 사이즈

25×37cm

준비물

아이보리 리넨, 면, 접착심지

준비하기

1cm 시접을 포함한 사이즈입니다.

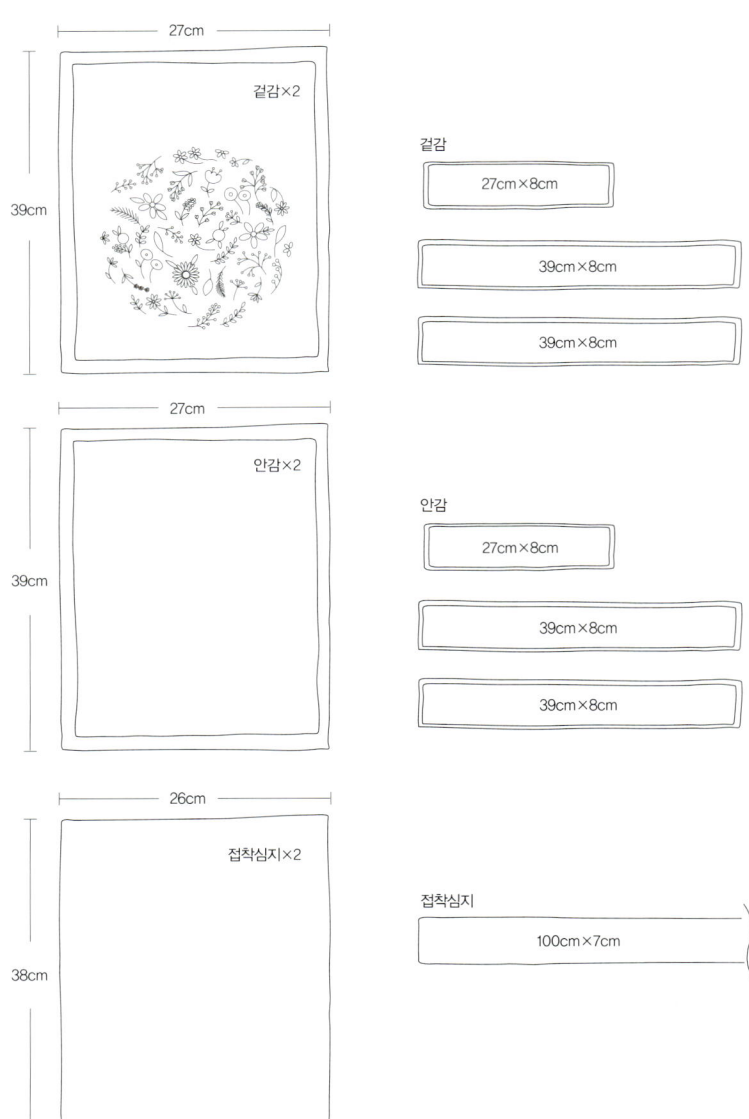

27cm

겉감×2

39cm

겉감

27cm×8cm

39cm×8cm

39cm×8cm

27cm

안감×2

39cm

안감

27cm×8cm

39cm×8cm

39cm×8cm

26cm

접착심지×2

38cm

접착심지

100cm×7cm

Gift bag

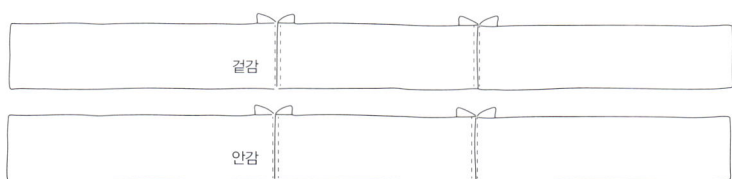

걸감

안감

01 안감과 걸감의 옆면을 각각 3장을 이어 붙여 상침해줍니다.

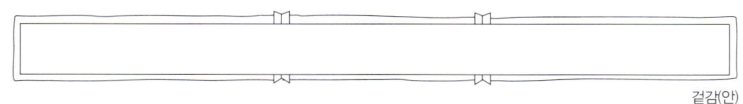

걸감(안)

02 걸감의 안쪽에 접착심지를 다리미로 눌러 붙여줍니다.

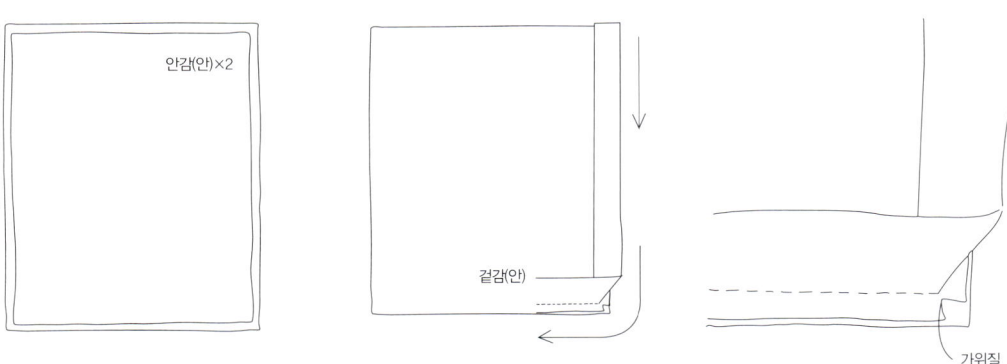

안감(안)×2

걸감(안)

가위질

03 안감의 앞/뒤판 안쪽에 접착심지를 붙여
줍니다(원래는 걸감의 안쪽에 붙어야 하나, 자수
가 눌릴 수 있어서 안감에 붙입니다).

04 화살표의 방향으로 시접 1cm 부분에 박음질하면서 사이즈에
맞추어 꺾어 박아줍니다. 모서리 부분은 가위집을 내주어야 수월하
게 꺾입니다.

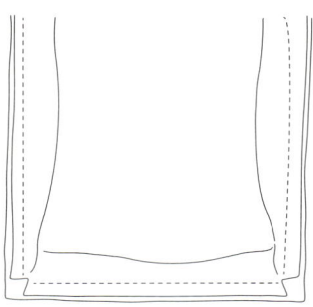

05　3면을 돌려 박아주고, 뒤판도 같은
방법으로 박음질합니다.

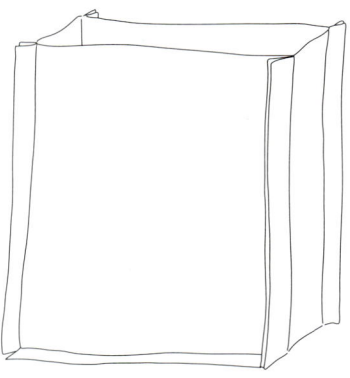

06　앞/뒤판을 박은 모습입니다. 안감
도 똑같은 방법으로 만들어줍니다.

안감(안)

07　겉감을 뒤집어서 안감을 끼워 넣어
각각 시접을 1cm 안쪽으로 접어줍니다.

08　겉감과 안감을 함께 박음질을 할 때
뒤쪽에 스트링끈이나 가죽끈을 고리 모양
을 끼워 박습니다.

09　단추를 앞판에 달아주면 완성!

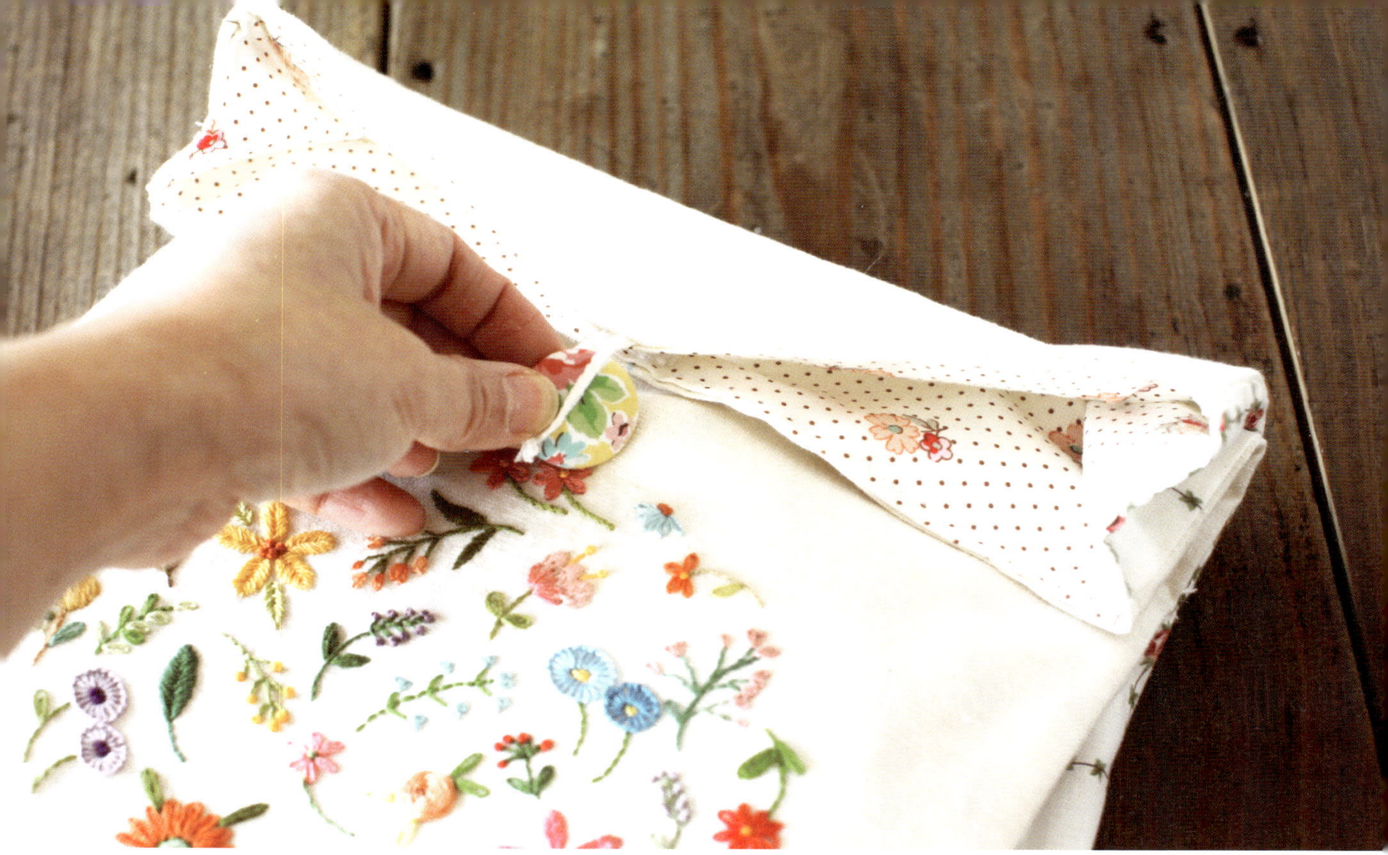

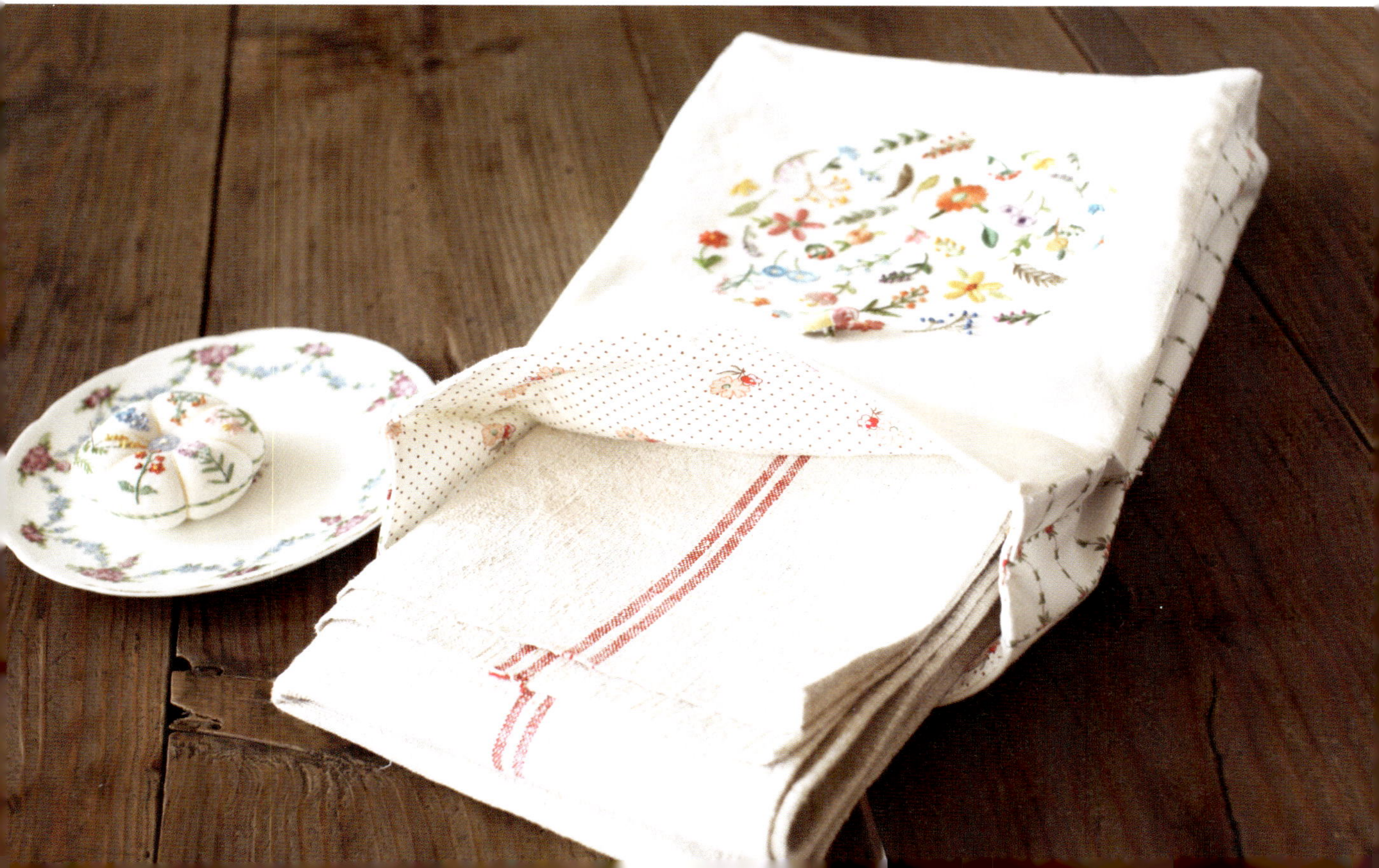

케이블루의 크리스마스 리스

크리스마스 리스

일 년 중 가장 기다려지는 날 크리스마스.

결혼을 한 이후 매년 12월 1일부터 이듬해 1월 말까지 트리장식을 하여

겨울 내내 크리스마스 분위기를 만끽했답니다.

이젠 아이들이 모두 커버려서 화려하게 트리를 장식하지 않지만,

자수액자를 만들어 걸어두고 분위기를 내는 것도 나쁘진 않아요.

사랑하는 사람에게 크리스마스 선물로 준다면 더더욱 빛을 발하게 될

케이블루의 크리스마스 리스!

 사용한 실
애플톤사 : W303, W355, W562
DMC 메탈릭사 : 4024, 4300
DMC 면사 : White, 349, 434, 535, 632, 743, 922, 3031, 3346
리넨사 또는 마끈

사용한 스티치
레이지 데이지 스티치, 백 스티치, 블리온 스티치, 새틴 스티치, 스트레이트 스티치, 아웃트라인
스티치, 체인 스티치, 프렌치 노트 스티치, 플라이 스티치, 휘프트 백 스티치, 휘프트 체인 스티치

사용한 패브릭
내추럴 리넨

• 1:1 도안입니다.

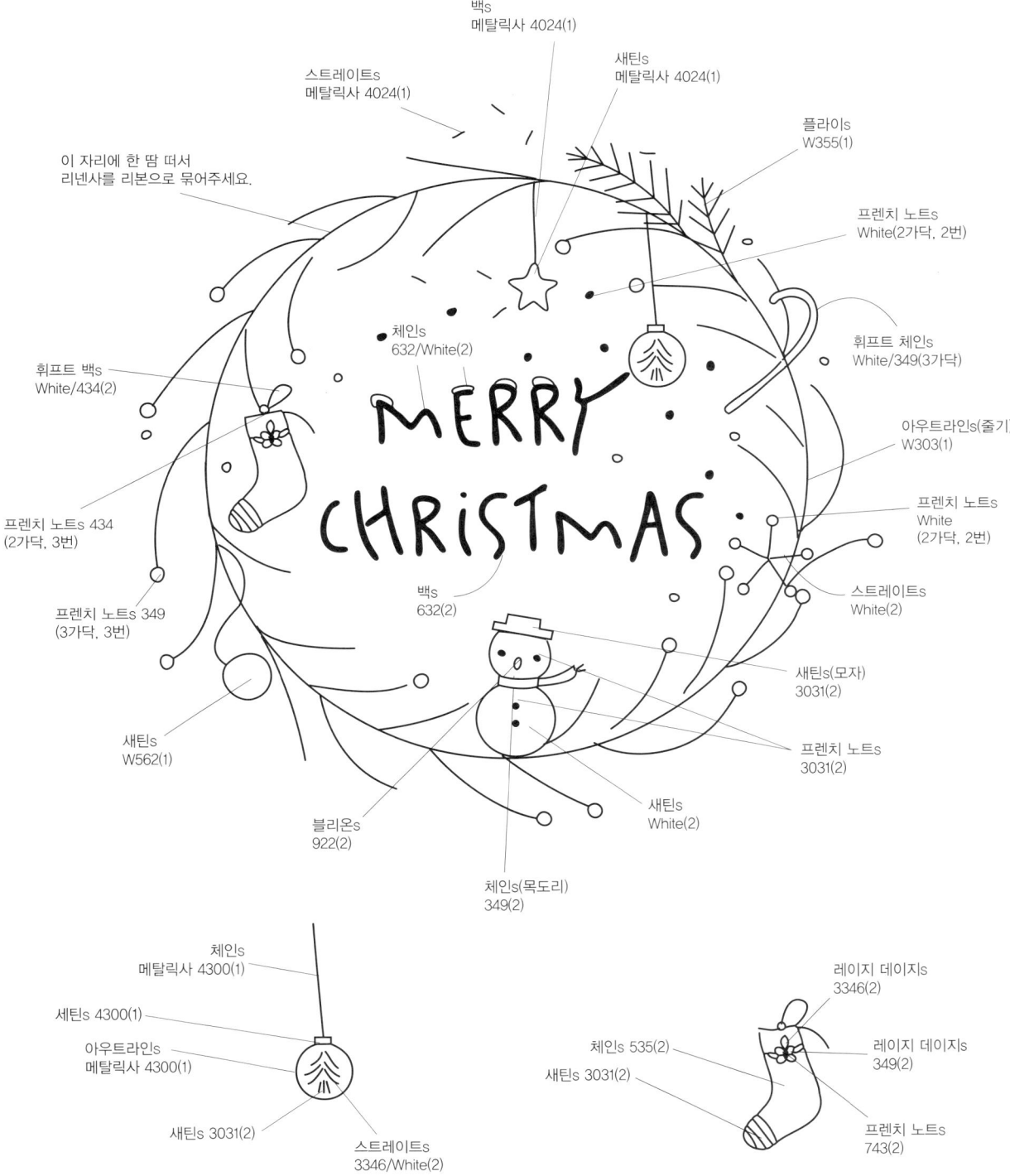

백s
메탈릭사 4024(1)

스트레이트s
메탈릭사 4024(1)

새틴s
메탈릭사 4024(1)

플라이s
W355(1)

이 자리에 한 땀 떠서
리넨사를 리본으로 묶어주세요.

프렌치 노트s
White(2가닥, 2번)

체인s
632/White(2)

휘프트 체인s
White/349(3가닥)

휘프트 백s
White/434(2)

아우트라인s(줄기)
W303(1)

프렌치 노트s 434
(2가닥, 3번)

프렌치 노트s
White
(2가닥, 2번)

프렌치 노트s 349
(3가닥, 3번)

백s
632(2)

스트레이트s
White(2)

새틴s(모자)
3031(2)

새틴s
W562(1)

프렌치 노트s
3031(2)

블리온s
922(2)

새틴s
White(2)

체인s(목도리)
349(2)

체인s
메탈릭사 4300(1)

레이지 데이지s
3346(2)

세틴s 4300(1)

체인s 535(2)

레이지 데이지s
349(2)

아우트라인s
메탈릭사 4300(1)

새틴s 3031(2)

새틴s 3031(2)

스트레이트s
3346/White(2)

프렌치 노트s
743(2)

– 울사는 한겹씩 사용합니다.
– 특별히 지정한 것 외에는 2가닥씩 사용합니다.
– 작은 프렌치 노트s는 2가닥에 2번, 줄기끝에 큰 빨간 열매는 3가닥에 3번 감습니다.

케이블루의 프랑스 자수 라이프

초판 1쇄 발행 2016년 6월 10일
초판 6쇄 발행 2020년 12월 20일

지은이 김소영
펴낸이 이지은 **펴낸곳** 팜파스
기획 · 진행 이진아 **편집** 정은아
디자인 조성미 **마케팅** 김서희, 김민경
인쇄 케이피알커뮤니케이션

출판등록 2002년 12월 30일 제 10-2536호
주소 서울특별시 마포구 어울마당로5길 18 팜파스빌딩 2층
대표전화 02-335-3681 **팩스** 02-335-3743
홈페이지 www.pampasbook.com | blog.naver.com/pampasbook
이메일 pampas@pampasbook.com

값 15,800원
ISBN 979-11-7026-092-9 (13590)

이 도서의 국립중앙도서관 출판시도서목록(CIP)은 서지정보유통지원시스템 홈페이지
(http://seoji.nl.go.kr)와 국가자료공동목록시스템(http://www.nl.go.kr/kolisnet)에서
이용하실 수 있습니다.(CIP제어번호: CIP2016012673)